El Enojo: Nuestro Amo o Nuestro Sirviente

Un Uso Creativo Para Una Emoción Poderosa

Guía del Facilitador

Autor: Larry Heath

Dirigir la correspondencia a:
 Turning Point Ministries, Inc.
 P.O. Box 22127
 Chattanooga, TN 37422-2127

Las citas de las Escrituras contenidas en este volumen son de la Sagrada Biblia, New International Versión R Copyright c 1972, 1978, 1984, International Bible Society, Utilizadas con permiso de Zondervan Publishing House.

Turning Point Ministries, 2007. Todos los derechos reservados.

Todos los derechos son reservados. Ninguna parte de este material protegido por los derechos de autor pueden ser reproducidos o utilizados de ninguna forma o medio, electrónico o mecánico, incluyendo fotocopias, grabación o cualquier información sin el debido permiso del Ministerio de Turning Point.

Foto de Portada: Larry Foster
Diseño de carátula: Graphic Advertising
Diagramación: Louise Lee

ISBN 10: 1-58119-073-5
ISBN 13: 9781581-190731

El Enojo: Nuestro Amo o Nuestro Sirviente

Contenido

Página

Prefacio 5

El comienzo 6

Formato de grupo sugerido 7

Sesión 1: ¡Tú estás enojado! ¡No, no lo estoy! 8

Sesión 2: ¿Qué es el enojo? Su composición 17

Sesión 3: El enojo. ¿Qué lo causa? 24

Sesión 4: Cuando el enojo es pecado (Parte I) 31

Sesión 5: Cuando el enojo es pecado (Parte II) 39

Sesión 6: Pasos para controlar su enojo 45

Sesión 7: Manejando su enojo 51

Sesión 8: Manejando el enojo en su matrimonio y/o relaciones de familia 60

Sesión 9: Aceptando la responsabilidad de controlar mi enojo 70

Bibliografía 78

Prefacio

El enojo: nuestro amo o nuestro sirviente

La importancia de una fe vibrante y saludable vista como algo que frecuentemente no está relacionada con nuestros sentimientos, pero es claro que nuestro crecimiento en la vida espiritual está vitalmente relacionado con la comprensión de nuestras emociones y de su poderosa influencia en el desarrollo de una fe saludable.

El cuidado de nuestra salud mental es vital para el desarrollo de una fe equilibrada, por consiguiente, es cada vez más evidente que debemos ver cómo funcionan nuestros sentimientos y cómo manejarlos y expresarlos de acuerdo con la *Biblia*.

Una de las grandes preocupaciones en esta área es que los cristianos encontramos una especial dificultad para aceptar el sentimiento del enojo en nuestras vidas. Muchos ven el enojo como contradictorio con su fe y con el "caminar en el Espíritu".

La *Biblia* presenta algunos principios claros de cómo manejar el enojo. Este material proveé una desafiante jornada hacia la poderosa emoción del **enojo**.

Algunos de nosotros hemos sido enseñados a vivir con nuestros propios sentimientos. Se nos ha enseñado hasta cómo pensar, pero los sentimientos muchas veces agobian y dirigen al cristiano.

Con el abuso entre cónyuges, el abuso a menores, la violencia, la depresión y otros problemas presentes en nuestra cultura, es claro que el enojo y su potencial para el mal o para el bien, necesitan ser dirigidos desde una perspectiva bíblica.

Comencemos, entonces, un esperanzador viaje que nos proporcione nuevas y excitantes maneras de dirigir el enojo hacia los propósitos de Dios, y los planes para su vida: *una saludable vida cristiana.*

Este material proveé una desafiante jornada hacia la poderosa emoción del enojo.

El comienzo

Tamaño del grupo
Sugerimos que cada grupo de "El enojo: nuestro amo o nuestro sirviente" tenga dos líderes de grupo (coordinadores), y máximo doce participantes, ya que un número más grande evita que se pueda profundizar en aspectos que necesitan una discusión más detallada.

Tiempo de preparación
El material de los coordinadores está escrito, en su mayoría, en forma de diálogo. De todas formas, esperamos que al conocer y entender los conceptos presentados, sea capaz de "personalizar" cada sesión para ajustarlo a su estilo lo mejor posible. En los momentos más álgidos, enfatice y tome notas.

Su grupo es único, así que adapte las preguntas a las necesidades de este y a sus situaciones. Sea sensible con cada persona de su grupo.

Mantenga presente, en la discusión, que las respuestas a las preguntas son sólo una herramienta para ayudarlo, y que no sólo están las respuestas "correctas" a las preguntas que formule.

Empiece por familiarizarse con los cuatro elementos de cada sesión:

- Introducción
- Autoconcientización
- Concientización espiritual
- Aplicación

Encontrará más detalles en las páginas siguientes.

Los coordinadores deben reunirse unos minutos antes para orar y organizar los últimos detalles; también deben reunirse brevemente después de cada sesión para discutir lo ocurrido durante la reunión y realizar cualquier aclaración del tema para la siguiente sesión, o para cuando sea necesario.

Antes de la primera sesión distribuya los libros de trabajo a los miembros del grupo. Los coordinadores deben estar totalmente familiarizados con este libro antes del primer encuentro.

Durante la orientación, anime a los miembros del grupo para que completen las tareas solicitadas antes de cada reunión. A través de la lectura y los ejercicios del libro de trabajo, los miembros pueden presentarse mejor preparados y desarrollar así una discusión provechosa. Observe que mientras los miembros del grupo están leyendo o pensando sobre las porciones recomendadas, las preguntas de la discusión han quedado reseñadas en nuestros libros de trabajo para reforzar la espontaneidad en el proceso del grupo.

Formato de grupo sugerido

El formato del grupo para cada sesión consiste en cuatro ele-mentos: Introducción, autoconcientización, concientización espiritual y aplicación. Hay una razón para cada fase. Los coordinadores deben planear siempre cada sesión aplicando este formato.

Parte I. Introducción
(10 minutos)

Inicie con una oración. El coordinador principal puede orar o pedirle a algún miembro que lidere la oración. Después de la oración deben presentarse, esto ayuda a que el grupo se sienta más cómodo y que empiecen a hacer parte de la discusión.

El coordinador principal debe hacerlo primero, seguido del otro coordinador; después los miembros del grupo, uno detrás del otro, como en un círculo. Recuerde a los participantes que no están obligados a responder si no quieren. La regla es que todos trabajen de acuerdo con su nivel de comodidad y cada uno es bienvenido a participar.

Este no es el momento para una discusión, así que pídales que sus comentarios sean breves. Si una persona se encuentra afligida durante el ejercicio, el coordinador detendrá la ronda y orará por ella. Después de la oración el ejercicio puede continuar.

Parte II. Autoconcientización
(20-25 minutos)

Después de la presentación, el coordinador dirigirá el grupo en la fase de autoconcientización. Este es el momento para practicar Santiago 5:16: *"Confesad los pecados unos a otros y orad unos por otros para que os sanéis"*. Es importante centrarse en el asunto y enfocar las necesidades de sanar, y no hacer un "mártir" o "partidarios piadosos".

Se sugiere que en el conocimiento de sí mismo, el coordinador pida a los miembros del grupo que compartan con los demás cuando sientan la necesidad de hacerlo y no en orden del círculo como en la introducción. Esto, porque las personas están en diferentes niveles de comodidad y no deben sentirse presionados para hablar si no lo están. Como el grupo continúa reunido, los miembros se sentirán cada vez mejor y harán parte de la discusión.

Recuerde, **la oración está siempre a la mano**. Si un miembro se siente lastimado durante esta fase, deténgase y ore. Uno de los coordinadores debe liderar la oración y pedir por el que necesita la ayuda. Esto debe significar para los miembros que cada uno es importante y que usted se preocupa por cada uno de forma individual.

Parte III. Concientización espiritual
(20-25 minutos)

Después de la fase de autoconcientización, el coordinador liderará al grupo en el estudio bíblico, haciendo breves explicaciones de un tema. El coordinador debe asignarle a cada uno la porción de la Escritura que se encuentra listada en la **Guía del coordinador**. Los miembros del grupo deben leer mentalmente el(los) verso(s) y luego hacerlo en voz alta, dando tiempo a la discusión.

Parte IV. Aplicación
(20 minutos)

Esta parte es una continuación de la parte III. Pida voluntarios para mostrar las reflexiones de las preguntas. Los coordinadores deben enfatizar la importancia de aplicar los principios bíblicos en sus vidas. La ayuda para controlar los problemas empieza con pensa-mientos positivos. La *Biblia* dice: *"Transformaos con la renovación de vuestra mente"* (Rom 12:2). La obediencia a la Palabra debe con-tinuar con una conducta correcta. A los sentimientos correctos le seguirán los pensamientos y las conductas correctas.

Sesión 1 *¡Estás enojado! ¡No, no estoy enojado!*

Introducción

Permita 10 minutos

Empiece con una oración

> Tómese unos momentos y agradézcale a Dios por cada persona del grupo. Dé gracias a cada uno de los participantes por querer desarrollar una fe saludable. Como se explorará la Palabra de Dios debido al enojo, pídale que los ayude a ser disciplinados y enfoquen sus esfuerzos hacia la meta de una vida espiritual controlada.

Presentación

Bienvenidos a nuestra primera reunión del estudio del enojo. Quiero que cada uno se presente a los demás. Empiezo yo diciendo: mi nombres es...

> El propósito de este ejercicio es ayudar al grupo a sentirse más cómodos en relación con el grupo. Pídales que se presenten a continuación de su presentación y la de su coordinador.

Autoconcientización

Permita 20-25 minutos

Frecuentemente las personas luchan con una variedad de problemas que parecen superficiales, como son los conflictos matrimoniales, de pareja, dificultades interpersonales y relacionales, depresión, aflicción, enfermedades, dolor físico... Mientras estos problemas están siendo discutidos y enfrentados, el enojo hace su aparición –de forma abierta o encubierta–. Las personas a menudo no reconocen el enojo como un problema, o si lo reconocen lo niegan y lo esconden.

El enojo es parte del ser humano. Todos nosotros perdemos el control y atacamos a Dios, a nosotros mismos o a otros. Muchos hemos contenido la rabia o la frustración por algo o por alguien.

8 Sesión 1   Guía del coordinador: *El enojo: nuestro amo o nuestro sirvienteo* • Punto decisivo

Posiblemente usted sea renuente a aceptar que somos personas y que podemos enojarnos. El enojo no es algo que pasa rápidamente, o una "enfermedad sicológica" que necesita una atención breve. El enojo está para quedarse, ha estado desde la creación y podemos observarlo en la vida diaria. Muchos de nosotros no queremos ser ejemplo de personas que mostramos nuestro temperamento, sino que queremos aparecer como personas calmadas y pacíficas.

El enojo puede ser el sentimiento más común en el ser humano, y es una de las emociones que más rápidamente se expresan en la infancia.

Como el niño desarrolla sentimientos de seguridad con sus padres, empezará a demostrar el enojo y la rabia infantil. Todos hemos visto que hasta el bebé más pequeño y dulce tensa su cuerpo, muestra cambios en sus expresiones faciales, grita y expresa sus frustraciones. Esto es normal en un ambiente amoroso, en el que el niño expresa su enojo dentro de límies puestos por sus padres.

Es posible que hayan escuchado la siguiente historia:

> Una madre escuchó a su hijo de cuatro años llorar y gritar desde el sótano donde se encontraba observando a su padre construir armarios. Temiendo que el niño se hubiera herido, ella abrió la puerta y lo vio gritando en las escaleras. –¿Qué es lo que te pasa? –le preguntó. A través de las lágrimas, el niño respondió: –"Papi se machucó con el martillo".
>
> Si papi se machucó, ¿por qué lloras tú? –"Bueno... al principio yo no estaba llorando –explicó– me estaba riendo".

Los niños criados en este tipo de ambiente aprenden rápidamente a esconder su enojo, tanto como sea posible. Los niños tienen pocos ejemplos positivos para aprender a manejar sus sentimientos de enojo. Los padres necesitan ser lo suficientemente pacientes para explicar las formas en las cuales el enojo de sus hijos puede ser expresado con su consentimiento. Los niños aprenden a sentirse culpables por expresar sus sentimientos de enojo y se sienten pecadores por expresarlos.

Lea el siguiente reporte de 1974 de la Comisión Mixta sobre la Salud Mental de los Niños (Dobbins, 78-79).

> El rol de la violencia y su estímulo en los niños debe ser enfrentado con firmeza. Algunos niños sufren abusos y arranques de enojo a manos de sus padres. Casi todos los niños están expuestos a la violencia gráfica en la televisión. A través de la posible imitación e identificación con estos modelos, patrones de violencia pueden ser adquiridos más fácilmente.

Al menos de igual importancia son los patrones con los cuales el niño es enseñado a manejar sus frutaciones, sus propios sentimientos de enojo, y los actos constructivos o destructivos por los cuales llega a sentirse responsable. Posiblemente no hay otra área que represente una fuente de patología tan profundamente en nuestra cultura como el manejo del enojo y la agresión.

Pídale a su grupo que comente este reporte.	Respuesta personal.
¿Los niños que crecen en una familia cristiana experimentan menos violencia familiar que en una secular? ¿Qué tan buen trabajo realizan las familias cristianas instruyendo y guiando para ayudar a sus miembros de familia a entender, controlar y dirigir los sentimientos de enojo apropiadamente?	Las familias cristianas probablemente experimentan y están menos propensas a la violencia familiar que las seculares. De todas maneras, debido a que los cristianos continúan viendo el enojo como malo o como un terrible pecado, los padres necesitan mejorar no respondiendo a los sentimientos de enojo de forma opresiva o punitiva.
¿Qué ejemplos podemos dar de situaciones que causan en las personas respuestas de enojo? Pídale a su grupo que haga una lista de algunas situaciones diarias que puedan provocar el enojo en una persona.	Un conductor lento, el divorcio, la pérdida de trabajo, el abuso infantil, el exceso de trabajo de mamá o papá, la forma como las personas responden a otras, la rebeldía infantil, los accidentes, las crisis de salud, los desastres naturales, los malos entendidos, la baja autoestima.
Como ven, sus ejemplos de enojo en la vida diaria nos demuestran que este puede variar desde irritaciones hasta respuestas explosivas. Las frases que hemos usado pueden revelar alguna información interesante acerca del enojo. ¿Cuáles son algunas situaciones comunes en las que podemos definir el enojo por medio de clichés?	Tiene calor debajo del cuello. Tiene dolor en la nuca. ¡Está que quema! ¡Está que estalla! ¡Me hace sentir enfadado! *¿Quién se cree que es?*
Pida a su grupo que describa las formas en que animan a otros a controlar su enojo. ¿Qué metáforas se utilizan frecuentemente?	Relájate unos minutos. Cuenta hasta diez. Da una vuelta.

Sin expresiones emocionales, la vida no sería "vivida" y aparecería sólo como algo racional y cognitiva. De todas maneras, los pensamientos y las conductas están conectados con nuestros sentimientos. Los pensamientos racionales solos no proveerán la energía necesaria para funcionar como seres humanos al experimentar la vida. Todos nosotros necesitamos de los sentimientos para motivarnos lo suficiente para hacer lo agradable en la vida, al igual que las experiencias de sufrimiento y dolor. Pregúntele al grupo cómo los niños, jóvenes y adultos difieren en sus expresiones de enojo y expresen algunos ejemplos.

> Los niños pueden cambiar rápido de emociones. Pueden llorar un minuto y reír al siguiente. Pueden mostrar el enojo de varias maneras, por ejemplo, gritando, haciendo mala cara, golpeando, incluso depremiéndose al contener el enojo.
>
> Los adolescentes luchan con enojo en conflictos con otros: se retraen, empiezan a aislarse, pelean con iguales y con los hermanos, se vuelven agresivos con los padres, maestros y figuras de autoridad.
>
> Los adultos revelan su enojo a través de la amargura, el resentimiento, la autocompasión y el letargo o la depresión. Los eventos en las transiciones de los adultos, tales como la edad media, la muerte del ser amado, el matrimonio y la soledad, también pueden provocar sentimientos de enojo.

Pídale a su grupo que comparta algunas situaciones que son ejemplo de enojo en diferentes etapas de desarrollo en la vida: niñez, adolescencia, adultez. Estas pueden ser personales o de otras fuentes. Para comprendernos mejor y entender la emoción del enojo, examinemos la Palabra de Dios en este aspecto.

> Respuesta personal
>
> Su grupo puede empezar a mirar situaciones o eventos que hagan o continuamente evoquen las respuestas furiosas o iracundas en sus vidas. Sea sensible a esto y esté pendiente de cualquier necesidad de oración o de discusión posterior. Sea cuidadoso, no estimule la discusión de los problemas personales de los miembros del grupo.

Introducción a la concientización

Todas las personas, desde la infancia han experimentado sentimientos de enojo. Estos sentimientos son parte de los designios de Dios para nuestro ser interno, que ayudan a la gente a tener energía para motivarse a lograr las tareas por difíciles o amenazantes que estas sean.

Para entender mejor nuestras emociones de enojo, examinémonos con la Palabra de Dios en este asunto.

Concientización espiritual

Permita 20-25 minutos

Lea los siguientes pasajes de las Escrituras y reflexione sobre lo que desde el punto de vista de Dios es considerado como enojo.

Génesis 1:28
Dios dio a Adán y Eva una misión, dominar la tierra y mantener el control sobre todo. ¿En qué parte de esta misión tomaron parte sus energías interiores?

¿De dónde vino la motivación?

Adán y Eva tienen la capacidad de sentir enojo después de la caída, pero no hicieron nada para sentirlo.

¿Qué te dice esto acerca del enojo que aparece como una emoción pecaminosa como resultado de la caída?

Salmo 7:11
Pídale a su grupo que discutan por qué Dios puede estar furioso.

Efesios 4:26
¿Qué dice este pasaje del enojo como energía creada por Dios y cómo cada individuo es responsable de su manejo?

Asigne las referencias de las Escrituras a los miembros del grupo para que las lean en voz alta y las discutan.

La motivación, la agresividad y la toma del control eran elementos necesarios para llevar a cabo esta misión. Observe que esta agresividad fue creada y funcionaba en Adán y Eva antes de la caída del hombre.

La motivación vino de Dios

Adán y Eva obtuvieron su poder emocional antes de la caída. Aparentemente fue dado como parte de su identidad biológica y espiritual y no se muestra como un pecado. Todo lo que Dios creó lo llamó **bueno**.

Dios creó nuestras emociones y nos creó a su imagen. ¿Cómo podemos ver el enojo como un pecado si viene de Dios? Observe con su grupo que el enojo de Dios está dirigido a la derrota del pecado y a la rectitud.

La *Biblia* muestra claramente que el enojo es un instrumento éticamente neutral o una fuerza que puede ser usada para glorificar a Dios y no para conductas o pensamientos pecadores. Tiene potencial para dañar y puede llevar al pecado. Debemos tratarlo rápidamente para evitar daños mayores. Discutiremos este pasaje en reuniones posteriores para recalcar su importancia.

---

12 *Sesión 1* Guía del coordinador: *El enojo: nuestro amo o nuestro sirvienteo* • Punto decisivo

Efesios 4:27
¿Cuál es el peligro potencial que Pablo advierte a los cristianos en este versículo?

> El enojo puede obtener el dominio de la personalidad y así abrir la puerta a las tentaciones de Satanás y a las mentiras que dejan a la persona habitualmente enfadada y vulnerable a las acciones y a los pensa-mientos pecaminosos.

¿Qué nos enseñan este y el anterior versículo para reducir o prevenir el desarrollo de hostilidades, de soledad, relaciones personales tirantes y sus efectos en nuestro crecimiento espiritual?

> La salud espiritual y mental de los cristianos, que los mantiene abiertos al crecimiento, al aprendizaje y a la madurez, está caracterizada por la humildad, la habilidad de aprendizaje y la paz. No por la terquedad, ni el enojo, sino por un espíritu intachable que tiene una posición definida ante Satanás.

Hebreos 12:15
Dado que el enojo es una emoción fuerte, es importante reconocer que puede arruinar y destruir la vida emocional de una persona y sus relaciones personales, si permite que lo dirija. Discuta cuál es la causa de esto y si el resultado concuerda con este pasaje.

> El enojo desenfrenado entre los seres humanos puede volverse amargura, resentimiento, aun odio y puede llevar a un abuso físico o verbal (la deshonra significa comportarse o actuar de una manera pecadora e impía hacia Dios y los demás).

Génesis 4:1-8
Hebreos 12:15 nos muestra lo que puede suceder con las relaciones si el enojo es sostenido desenfrenadamente. En este pasaje del Génesis, ¿cómo es marcada la relación de Caín y Abel cuando el enojo dirige y controla a Caín?

> El asesinato de Abel es indicativo de lo que puede pasar cuando el enojo se convierte en rabia. Uno puede mancillarse a sí mismo o a los demás. Nuestra cultura no es diferente a la del Génesis.

Marcos 3:1-6
¿Jesús experimentó enojo?

Describa el lugar que tuvo el enojo, en este evento de la vida de Jesús. ¿Pecó Jesús cuando estuvo enojado?

Jesús sintió enojo y lo expresó.

Los fariseos querían una razón para condenar a Jesús; estaban más interesados en observar si Jesús rompía la ley del Sabbath, curando a ese hombre. Jesús estaba furioso por su falta de compasión y descuido de la salud. *Él curó al hombre inmediatamente.* Jesús fue sin pecado. (*Heb 4:15*)

Aplicación

Permita 20 minutos

Pida a su grupo que discutan las implicaciones del enojo descontrolado en la vida personal, la familia, el matrimonio y la sociedad. Use algunas o todas las preguntas aquí dadas, para animar la participación en este momento de compartir.

El enojo es una emoción normal que puede ser usado para el bien o para el mal.

¿Qué le han enseñado sobre el enojo que no es saludable?

Respuesta personal

¿Qué ha descubierto sobre el enojo ens esta sesión que le ayudará a aceptarlo como una emoción normal dada por Dios?

Respuesta personal

¿Cómo se cuidará del enojo en su vida y en qué áreas piensa que necesita hacer cambios?

Respuesta personal

La *Biblia* nos anima a encontrar las formas de manejar nuestro enojo. Al aceptar que el enojo es una parte común de nuestras vidas, es imperativo que aprendamos formas bíblicas, prácticas y saludables de convertir nuestro enojo en nuestro sirviente. Al concluir esta sesión y continuar su jornada hacia el entendimiento de esta fuerza poderosa, ore por la guía de Dios para descubrir dónde se encuentra en el camino de aceptar su enojo y la necesidad de hacerlo su sirviente para la gloria de Dios.

Estudie cuidadosamente los formularios *Diario de enojo* y *Expresiones de enojo* de la pág. 15. Debe ver nuevamente estas tablas en la sesión 7 para posteriores comparaciones.

Mi diario del enojo

Día	1	2	3	4	5	6	7	8	9	10
Frecuencia										
¿Cuántas veces se siente enojado diariamente interior o exteriormente?										
Intensidad										
En una escala de 1-10, ¿cuál es la intensidad de su enojo hoy? (10 = Intenso. 1 = Calmado)										
Duración										
¿Usualmente cuántos minutos dura enojado? Anote un promedio.										
Expresiones negativas										
¿Cuántas veces su enojo lo lleva a expresiones negativas?										
¿Cuántas veces su enojo lo lleva a expresiones positivas?										
Disturbio en las relaciones										
En una escala de 1-9, ¿su enojo ayuda o impide sus relaciones? (9 = ayuda; 1 = desastre)										

Llene las expresiones de enojo. Considere las dos últimas veces que estuvo furioso con cada persona y cómo lo expresó. Observe cómo será su enojo con cada uno la próxima vez.

EXPRESIONES DE ENOJO

Marque con una X cómo expresó su enojo recientemente con las siguientes personas.

Persona	Lo reprimió	Indirecto	Directo
Esposo			
Hijos			
Madre			
Empleados			
Compañeros			
Amigos			

¿Qué tipo de expresión usó con más frecuencia?
_____
_____

¿Qué puede hacer para que su expresión del enojo sea más saludable y más productiva?
_____
_____

Piense acerca de las siguientes personas con las cuales usted podría expresar enojo. ¿Cómo responden ellos cuando usted está enojado? Escriba cómo responderá usted la próxima vez
_____
_____

Tomado de When anger hits home de Gary Jackson Oliver y H. Norman Wright, Moody Press, 1992. Usado con permiso.

Termine con una oración

> Concluya esta sesión con una breve oración, liderada por el segundo coordinador, que anime a los miembros a pedirle al Señor que los ayude a abrirse en el área de crecimiento, aceptando su enojo y a continuar usándolo para la gloria de Dios.

Sesión 2 ¿Qué es el enojo? Su composición

Introducción

Permita 10 minutos

Empiece con una oración

Convoque al grupo e inicie con una oración. Puede pedirle a una o dos personas que oren brevemente. Pídale a Dios que ayude a cada miembro a desear descubrir la forma en que puede madurar en el entendimiento de sus emociones, lo que contribuirá a una saludable fe cristiana.

Pregunta compartida

Nombre una cualidad que admire en sus padres. Compártala con el grupo.

Respuesta personal.

¿Recuerda alguna actitud negativa de sus padres que lo molestaba o lo hacía poner furioso? Nombre una o dos.

Respuesta personal.

Autoconcientización

Permita 20-25 minutos

Frecuentemente vemos el enojo en forma exagerada. Algunas veces, la simple irritación puede llegar a confundirse con una explosión de enojo, causándonos culpa y temor frente a una emoción normal. El enojo es común en el ser humano, y es una reacción emocional diaria que las personas sienten en respuesta a una variedad de situaciones.

Se inicia en la infancia y evidentemente no tenemos culpa en ello. De todas maneras, al madurar, desarrollamos culpa por nuestro enojo por las respuestas airadas de nuestros padres y el hecho de verlos enojados con nosotros. En nuestra crianza y en la de nuestros hijos, todos nos hemos familiarizado con el enojo y sus resultados.

Los hijos son maestros en saber instintivamente cómo poner furiosos a sus padres. Ejemplo: "Yo me senté primero". "Mamá, él me pegó primero". "Mamá me está ignorando". "Papá no me contesta cuando le pido ayuda". "El perro mordió la silla nueva". "El gato se escapó", etc.

Pídale al grupo que recuerden episodios diarios o eventos de su vida cotidiana de su infancia o de su adultez, que son ejemplos de cómo el enojo es común en sus vidas.

Guía del coordinador: *El enojo: nuestro amo o nuestro sirviente* • Punto decisivo

Todos sabemos lo que es ver una familia o a sus miembros enojados. Por supuesto, todos debemos saber que es saludable sentir culpa cuando nuestras expresiones de enojo son descontroladas, destructivas o abusivas.

Hemos visto que el enojo es experimentado por Dios, quien es Espíritu, y su mayor creación el ser humano. Pretender que el enojo no existe es irreal y poco saludable.

El enojo puede parecer una emoción difícil de definir. Para aclarar y entender su definición debemos saber que el enojo es un sentimiento complejo, pero definible y reconocible.

El enojo, generalmente, es sentido como una energía intensa o como una energía que incluye los pensamientos, sentimientos o emociones y la conducta y las acciones de cada uno. Así, al experimentar este sentimiento encontramos que es difícil separar estas tres partes.

> Deje conocer a los miembros de su grupo que están en un punto de retorno en el programa hacia "adentro del grupo" donde el tópico de la negación los dirigirá. Anímelos a que recuerden lo que aprendieron sobre el tema, y si ellos no quieren participar en esta introspección, no deben hacerlo. Esto ayudará a los miembros que tienden a negar el hecho de que el enojo existe en sus vidas.

El enojo es fisiológico

El Dr. Richard D. Robbins define el enojo como "una energía no expresada". Una respuesta fisiológica que ocurre cuando "se lleva a cabo una reacción bioquímica, cuyo resultado es la creación de una cantidad inusual de energía que usas para enfrentar el peligro que se percibe". "… una vez que estás enojado, tú estás en posesión de una energía que no puede ser destruida. Hasta que determines en qué forma de expresión gastarás tu energía, no estás cometiendo pecado". Este es el desafío moral que enfrentas: Tú eres responsable de determinar qué es lo que harás con la energía que has creado. Así, primero que todo, vemos que el enojo es una energía creada por Dios, y no podemos verlo como una creación pecaminosa.

Explique al grupo que debido a que frecuentemente el enojo está conectado con pensamientos o acciones pecaminosas, tendemos a pensar que el sentimiento de enojo es un pecado. Los pensamientos y las acciones de la gente pueden ser controladas. La energía emocional es dada por Dios y diseñada para el bien.

> Pídales que regresen al material de la sesión 1 y que lean otra vez **Autoconcientización**.

Pídale al grupo que enumeren las formas en las que ellos experimentan el enojo como un fenómeno fisiológico.

> Nuestros cuerpos pueden revelar que estamos experimentando enojo: el cambio en la expresión facial, incremento del latido del corazón, temblor en los brazos, labios recogidos, voz temblorosa, rechinar de dientes y gritar expresiones verbales de sus sentimientos como "tengo dolor en el cuello".

El enojo involucra nuestros pensamientos

El surgimiento de la energía que sentimos en nuestro cuerpo pasa a través de procesos mentales, cognitivos o reflexivos. Si actuamos bajo estos sentimientos fuertes causados por el enojo, lo que ocurra depende de nuestros pensamientos acerca de la situación, de nosotros mismos, o de los otros que veamos como estímulo de nuestro enojo. Nuestra actitud mental determinará nuestra respuesta a esta energía.

¿Cuando una persona está enojada, cómo afectan su respuesta los sentimientos que ella tiene hacia la situación o personas que la enojan?

Los pensamientos sobre nosotros mismos, la forma como los enfrentamos y cómo hemos estado pensando en responder al enojo, pueden afectar nuestra respuesta. Desde la perspectiva de que nuestros pensamientos están bajo control, ofrezca la esperanza al grupo de que el enojo puede ser controlado como un sirviente y no como el maestro de nuestras vidas. Ejemplo: una esposa puede ponerse furiosa con su esposo y empezar a gritarlo, de repente suena el teléfono. Ella puede controlar enseguida su expresión de enojo (los gritos) y hablar calmada y suavemente con la persona en el teléfono. Su enojo hacia su esposo es intenso (lo siente) y está relatando sus expectativas hacia él (su punto de vista), y su respuesta hacia la persona en el teléfono está basada en un conjunto diferente de expectativas (es cortés, no pierde el control, etc.). Ayude a su grupo a entender que los pensamientos relativos al enojo son una parte importante de la composición del enojo.

El enojo es acción (conducta)

Las palabras y las acciones que la gente usa (o no usa) para expresar el enojo que sienten es el tercer componente de este. Un gran rango de expresiones puede ocurrir que revelan los grados de enojo de una persona al reaccionar ante una situación con este sentimiento. Enlistamos algunos de ellos:

Aborrece	Exasperación	Irritado	Rencoroso
Fastidio	Frustración	Celoso	Susceptible
Dolor	Lástima	Risueño	Problemático
Fresco	Quejumbroso	Ofendido	Tenso
Criticar	Gruñón	Provocado	Viciado
Locura	Calor	Resentido	Con ganas de
Trabajar			
Desdén	Herido	Repulsión	Furioso
Enmarcararse	Enfermo	Sarcástico	Fastidio
Desprecio	Indignación	Salvaje	Desdeño

> Pida a su grupo que piense en otras cosas para añadir a la lista. Espere que todos miren la lista de expresiones y posiblemente den su propia contribución. Resalte al grupo que los sentimientos de enojo pueden variar en grados de intensidad, así podrán ver el enojo como algo progresivo. Ejemplo: Irritado a vicioso y resentido. Esto ofrecerá a las personas la posibilidad de controlarlo.

Al resumir, vemos el enojo como una emoción compleja que está compuesta de sentimientos, pensamientos y comportamientos. Esto nos ofrece la esperanza de que el enojo puede ser una fuerza positiva para el bien y puede ser usado como una energía constructiva en la vida del cristiano.

Introducción a la concientización espiritual

El enojo puede ser usado para el bien o para el mal. Como una parte de nuestro sistema de respuesta puede ser dirigido de forma positiva. Vayamos a la Palabra de Dios para entender cómo Él ve el enojo y cómo podemos utilizarlo para motivar a la gente a hacer su voluntad y propósitos.

Concientización espiritual

Permita 20-25 minutos

Es interesante descubrir las palabras bíblicas para el enojo. Dos palabras griegas son usualmente utilizadas para enojo: *thumus* y *orge*. *Thumus* significa turbulencia, mal genio, rabia. *Orge* describe una actitud de venganza o resentimiento. Otras palabras son usadas en la Escritura para definir el enojo.

> Asigne las referencias de las Escrituras al grupo para que las lean en voz alta y las discutan.
>
> Pídales a los miembros del grupo buscar **enojo** en una concordancia bíblica, en un diccionario bíblico o en uno de español-griego (Ejemplo: *Concordancia Strong*). Elija uno o dos vo-luntarios para localizar es-tos pasajes y pídales un breve reporte de su búsqueda en la siguiente sesión. Otra opción para esta tarea podría ser pro-veer una concordancia u otros recursos y dar al gru-po tiempo para completar la tarea.

Éxodo 32:19-24
Moisés estaba furioso. ¿Qué hizo para expresar su enojo como un buen líder de Israel?

> Su intenso enojo lo motivó a tirar las tablas, quemar el becerro de oro y restaurar el orden y el control en el campo hebreo.

Guía del coordinador: *El enojo: nuestro amo o nuestro sirviente* • Punto decisivo   *Sesión 2*   21

Jueces 14:1-19; 15:1-5; 14-16
Tome su tiempo para leer todo el pasaje. Es la conocida historia de Sansón que debe ser leída y resumida por el grupo. Tome unos minutos para esto. Puede indicarle a varios miembros para que lean pequeñas porciones de estos pasajes. Note especialmente el v. 19. ¿Qué acciones tomó Sansón en *Jueces 15:3-5, 15*?

> La ira motivó a Sansón a tomar fuertes acciones contra los filisteos. Quemó sus campos y mató 1.000 hombres.

Jueces 15:14
¿Cómo la unción del Espíritu Santo y el enojo de Sansón se combinaron para realizar la voluntad de Dios?

> Dios usó la fuerza física de Sansón y sus emociones competitivas y agresivas para mostrar todo su poder y lograr ciertas tareas.

1 Samuel 15:10-31
¿Cómo motivó el enojo a Samuel para hablarle proféticamente a Saúl?

> Dios rechaza a Saúl como rey de Israel. El enojo por el pecado y la desobediencia llevó a Samuel a hablarle agresivamente a Saúl. El entregó la palabra de Dios al rey desobediente.

¿Cómo respondió Saúl a estas fuertes palabras del Señor?

> Estaba arrepentido y confesó sus pecados. Algunas veces el enojo por un pecado puede producir resultados espirituales.

1 Samuel 17
¿Cómo motivó el enojo a David para vencer al gigante Goliat?

> La ira del ejército pagano filisteo y sus líderes inspiraron a David a superar sus miedos y ganar la batalla más grande.

¿Qué comportamiento mostró como resultado de su enojo?

> Arriesgó su vida por la justicia y la realización de la voluntad de Dios en su vida y el destino de Israel.

Juan 2:13-25

¿Qué papel jugó el enojo en las acciones de Jesús para purificar el templo?

> El enojo motivó la expulsión de todos con justa indigna-ción y con gran rabia por el abuso contra el templo de su Padre, el cual era una casa de oración y no de comercio.

Hechos 15:35-40

¿Cree que Pablo y Bernabé, quienes eran sirvientes del Señor como primeros ministros del evangelio en el Nuevo Testamento, expresaron algo de enojo hacia los demás en este conflicto?

> Al parecer fue un conflicto caliente y reprimido que lo llevó a separarse de su compañero de ministerio del evangelio. De todas maneras, su enojo no terminó con las cosas que hacía por voluntad de Dios como ministro del evangelio y con su esfuerzo misionero.

Aplicación

Permita 20 minutos

Las Escrituras indican que el enojo puede ser una emoción positiva que motiva a una persona a hablar y a hacer la voluntad de Dios y cumplir sus propósitos. ¿Puede ver el enojo como una influencia positiva en su vida y la de su familia? Explique.

Examine su comprensión del enojo como una entidad de tres partes: emoción, pensamiento y acción. Haga un esfuerzo en esta semana por estar más consciente de estos tres componentes en sus experiencias de enojo en su vida.

> Respuesta personal. Ejemplo: La firme pero amorosa disciplina de los padres puede estar motivada por un enojo apropiado y por el mal comportamiento del niño. Los padres también deben mantener un nivel bajo de enojo como ejemplo positivo para cambiar el comportamiento del niño, siendo y haciendo lo mejor en el colegio o donde esté.
>
> Ejemplo: La ira de Satanás y así comportamiento pecaminoso, modo de hablar, conducta, y cosas así pueden ayudar a la familia a búsqueda de Dios y desarropar valores Cristianos. Por ejemplo, la influencia de drogas, alcohol, pornografía, malas amistades, mis conducto sexual, etc.

Termine con una oración

> Pídale a los miembros del grupo que se tomen un momento y le pidan a Dios que los haga más sensibles para percibir su enojo y cómo lo expresan. Anímelos a orar para que la Palabra de Dios ilumine su entendimiento del enojo apropiado y del inapropiado.

Sesión 3 El enojo: ¿Qué lo causa?

Introducción

Permita 10 minutos

Empiece con una oración

| Tenga un tiempo de oración que incluya necesidades específicas de los miembros del grupo. *Haga varias peticiones para que ellos sientan que deben hacerlo también. Anime al espíritu de mediación para que otro miembro ore por sus necesidades.* Concluya la oración con testimonios de alabanza al crecimiento que está triunfando en el área de estudio del enojo. Dé una respuesta positiva ante cualquier progreso hecho en la aplicación de la verdad que está siendo aprendida.

Pregunta compartida

¿Cuando está de vacaciones, cuál es la actividad que verdaderamente disfruta? ¿Por qué? ¿Cómo lo relaja?

Respuesta personal.

Autoconcientización

Permita 20-25 minutos

Al observar lo que nos causa enojo, no olvidemos lo que hemos aprendido acerca de este. En resumen, hemos visto que el enojo puede ser visto como una emoción humana universal que viene dentro del equipo dado por Dios. Es biológicamente experimentado por los seres humanos como un sentimiento común y puede ser usado para el bien o para el mal. El enojo consta de tres partes: fisiológica, emocional y cognitiva (esto es, relativa a nuestros procesos del pensamiento). Es experimentado en todas las edades por los cristianos y no cristianos.

¿Qué lo pone furioso?

Hoy la respuesta puede ser realmente "nada". De hecho, es la misma gente quien se pone a sí misma furiosa. Lo que significa es que debemos mostrarnos "controladores" de nuestro enojo. Ayude a los miembros del grupo a ver que su enojo es su enojo. Es simple decir esto, pero toma algo de trabajo admitir que el enojo es una emoción personal y cómo debemos aprender a expresarla. Cuando se desarrolla en su familia frecuentemente determina cómo ellos responderán a su enojo.

Con el tiempo vemos que el enojo puede ser una respuesta aprendida que puede venir de la forma como nuestros padres manejaron su enojo. También nuestra visión de cada situación y de nuestros pensamientos o creencias acerca de nosotros mismos y los de los demás, y de las amenazas que enfrentamos frecuentemente que pueden determinar nuestra respuesta. Después de todo, el enojo es nuestro. Todos podemos responder al surgir biológico de una energía en una gran variedad de formas, algunas de las cuales hemos aprendido y otras no en nuestra educación.

Describa varias expresiones de enojo que haya visto en otros.

Puede incluir sentimientos de irritación, odio, resenti-miento, agresión física o verbal, frustración y otras expresiones. Estos pueden variar basado en la inter-pretación individual o las creencias acerca de lo que está pasando.

¿El enojo es simplemente una respuesta biológica o es propia de los animales?

No. Dios ha hecho al hombre libre y de libre pensamiento para controlar sus sentimientos, pensamientos y acciones.

¿Qué tan exacto es decir que el hombre es sujeto sólo de sus pasiones y que no tiene decisión o responsabilidad al expresar su enojo?

Reducir el hombre al ADN, o aún denunciar que él está controlado por espíritus demoníacos y con una naturaleza pecaminosa, no es un aliciente de la visión bíblica del hombre y de la responsabilidad de su autocontrol y de los cambios en sus acciones y pensamientos.

Diferentes teorías seculares exploran las causas del enojo en el hombre. Algunos dicen que la agresión es totalmente biológica y en pugna con sus procesos psicológicos. Otros dicen que la estructura biológica y genética, la química de la sangre o aun daños cerebrales pueden causar enojo.

Los sicólogos, científicos del comportamiento, sociólogos y otros, han buscado y teorizado por muchos años sobre el enojo y sus causas. Posiblemente algunos de estos datos son constructivos en el entendimiento del hombre como ser biológico, de todas maneras todavía no se ha descubierto el gen o la hormona que pueda o logre controlar el odio del ser humano, los conflictos matrimoniales, las guerras, los asesinatos, etc. El enojo es causado por muchas otras influencias que no son solamente físicas.

Para simplificar la discusión, podemos decir que el enojo puede ser estimulado por factores externos e internos. Algunos de estos son:
1. Nuestra niñez y lo que aprendimos acerca del enojo en nuestra experiencia y en la familia. **2.** Nuestra teología y lo que nos enseñan en la iglesia y la escuela dominical. **3.** Algunos tipos de ocupaciones, por ejemplo, turnos de trabajo que nos privan del sueño, alto estrés por las condiciones de trabajo, etc. **4.** Las actividades diarias, conducir con tráfico pesado, estrés ocasionado por las altas temporadas (vacaciones, Navidad). **5.** El estado de salud de las personas, las medicinas (algunas tienen efectos colaterales que pueden estimular el enojo).

¿Cuáles trabajos o situaciones laborales parecen estimular el enojo?

> Madres que trabajan fuera de casa, promociones relativas a la edad (jóvenes que toman posiciones de hombres mayores), despidos, forcejeos de poder.

Enumere otras situaciones que puedan causar enojo.

> Anime al grupo a nombrar otras situaciones que pueden causar el enojo.

¿El tráfico pesado siempre despierta su enojo?

> Depende de su respuesta. Después de todo, recuerde que es su enojo. Si va tarde o cansado, el tráfico pesado puede estimular su senti-miento de enojo.

Factores internos que estimulan el enojo

Varios sentimientos y actitudes hacia nosotros mismos pueden producir enojo.

¿Cómo pueden los sentimientos de baja autoestima inferioridad e ineptitud producir enojo?

> La gente que está centrada en sí misma positiva o negativamente, puede estar preocupada por sus sentimientos todo el tiempo y ver tratos o eventos normales como causantes de más daño y dolor, lo que otras personas que experimentan los mismos eventos no los verían así.

¿Cómo es la lucha con el enojo de una persona con tendencias perfeccionistas?

> Nadie es perfecto. Este tipo de personas son usualmente fáciles de encolerizarse porque quieren creer que todo está bien. Alguien o algo que obstruya esta meta puede empezar a ser objetivo de su enojo, incluso ellos mismos.

Otras causas internas del enojo pueden ser los sentimientos de culpa. Frecuentemente expresamos enojo hacia nosotros y los demás si somos juzgados o llegamos a tener celos de alguien y sentimos culpa por eso. El rechazo, los recuerdos dolorosos del pasado, y las humillaciones pueden producir resentimiento y hostilidad.

Nuestra salud física, el dolor, la recuperación de una cirugía, las enfermedades, los cambios bioquímicos (síndrome premenstrual, la pubertad, el embarazo, etc.), pueden contribuir al enojo. Estar consciente de estas causas puede ayudar a la persona para que trate mejor con este sentimiento, si estas tensiones tienden a despertar sus sentimientos de enojo.

Introducción a la concientización

Aunque parezca muy simple que el enojo puede resultar de ciertas situaciones dentro o fuera de nosotros, la *Biblia* puede ayudarnos a encontrar las causas reales de nuestra tendencia humana a enojarnos y así dirigir y controlar el enojo en nuestras vidas.

Concientización espiritual

Permita 20-25 minutos

Pida a su grupo que lea en voz alta las siguientes Escrituras. Señale a varios miembros para que lean los pasajes de este estudio sobre lo que dice la *Biblia* acerca de las causas del enojo.

Génesis 3:1-7
¿Cuando Adán y Eva desobedecieron a Dios (el pecado abrió un nuevo autoconocimiento y un centralismo), cómo sus debilidades y el dolor, la irritación y los temores contribuyeron a su enojo?

> Asigne las referencias a los miembros del grupo para leerlas en voz alta y discutirlas.

> Cuando Adán y Eva experimentaron el pecado, la culpa, el miedo y la inhabilidad de encontrar estas profundas necesi-dades humanas los dejaron como blancos fáciles para el orgullo, empezando a herirse, ofenderse y a ofender a otros, sintiéndose solos y necesitados. Estuvieron dispuestos para el reproche, el resentimiento, la frustración y la autorre-pulsión, la autoprotección y, en general, los sentimien-tos de vacío. Esto como resultado de una gran tendencia a usar el enojo negativa y pecaminosa-mente. Abrió la puerta al enojo para ser sujeto de las limitaciones de su caído estado espiritual.

Génesis 4:1-8
¿Cómo la baja naturaleza de Caín contribuyó al pecaminoso uso de su enojo, lo que resultó en el asesinato de su hermano Abel?

> La actitud pecaminosa de los celos, el resentimiento y la rebelión aparecen más adelante como una acción impía. Él usó el enojo de forma pecaminosa.

Jonás 4:1-9
Jonás estaba furioso. ¿Qué se revela en este pasaje como causa del episodio del enojo de Jonás?

> El estaba hundiéndose en la depresión y la desilusión por la decisión de Dios de perdonar a Nínive. Durante su enojo, Jonás dialoga con Dios y él le responde a su egoísmo y a sus manifestaciones de enojo. Aún la gente que predica el mensaje de Dios puede ser dominada por el enojo que está arraigado y que es provocado por la complacencia a su naturaleza pecadora.

Juan 18:4-11
Pedro estaba furioso y actuó con su personalidad impulsiva, agrediendo pecaminosamente a Malco. ¿Puede identificarse con el sentir y la impotencia de Pedro, o puede ver su sentimiento de disgusto hacia los otros discípulos por su aparente falta de respuesta en la crisis que Jesús estaba enfrentando?

> Aunque Pedro apareció y trató de ayudar a Jesús, su reacción no fue de amor.

¿Esta respuesta estaba totalmente centrada en la naturaleza pecaminosa de Pedro?

> Estaban las dos: una acción humanitaria y una acción propia. Esto no era lo que Jesús quería que él hiciera.

Gálatas 5:18-21
¿Qué dice este pasaje acerca del origen de la disputa y el enojo entre las personas?

> El origen de la disputa y el enojo entre la gente es la debilidad de la carne o la manifestación de su naturaleza pecadora, así el origen de las expresiones pecaminosas del enojo surgen de la carne (*sarxk* = en griego caída, rebelión natural de la raza humana).

Hebreos 12:14-15
¿Cuando sentimos resentimiento o rencor contra alguien, cuál es el daño que corremos, según este pasaje de las Escrituras?

> La renuencia a perdonar a los demás, a reconocer nuestras faltas, el orgullo y el egoísmo llevarán finalmente a la expresión pecadora del enojo. Esto está en directa oposición con la Palabra de Dios.

 **Aplicación**

Permita 20 minutos

Es claro que en nuestra naturaleza humana y deseos pecaminosos nos sometemos más rápido a formas de expresar el enojo que no son bíblicas. Nuestro conocimiento de lo que causa el enojo nos alertará sobre la fuente primaria del enojo pecaminoso en nuestras vidas. Como humanos que somos, estamos inquietos e insatisfechos con nuestros deseos de realizar el potencial que vemos en nosotros o en nuestras relaciones con los demás. La naturaleza pecadora del hombre pone límites en su habilidad de satisfacer adecuadamente esos deseos y necesidades naturales, por eso, el hombre se mantiene frustrado e inquieto en esta condición. Aún después de que alguien acepta a Jesús como su Salvador personal, continuará la lucha con la influencia de esta fuerza en su nueva vida en Cristo. Lea *Gálatas 5:16-17*

¿Cuál es el resultado de vivir por el Espíritu?

No sufrirás los deseos de la naturaleza pecadora".

Termine con una oración

Antes de orar con el grupo, pídale a los miembros que hagan una oración diaria para empezar a tomar conciencia de las causas de su enojo. Cuando la naturaleza pecadora lo domine y cuando experimente debilidad, ore. Dios le dará el coraje para rendirse ante el poder del Espíritu Santo. La oración será la luz en su batalla personal en este campo. Lidere el grupo de oración y apóyese en grupos pequeños para pedir por una necesidad específica. Asegúrese de mantener un límite de tiempo en esta actividad.

Si tiene tiempo a alguno de los miembros decir sus peticiones específicas para orar en cada área. Deje que en grupo oren o apoyen una necesidad especial, si es necesario haga grupos más pequeños. Asegúrese de tener un tiempo limitado para este segmento.

Sesión 4 Cuando el enojo es pecado (Parte 1)

Introducción

Permita 10 minutos

Empiece con una oración

| | Haga una oración corta con el grupo y pídanle a Dios que les hable a través de su Palabra en esta sesión y en la sesión 5. Ore para que los miembros empiecen a comprender cuándo el enojo es pecado y qué hacer si está actuando bajo patrones pecaminosos de enojo. |

Pregunta compartida

Pídale a los miembros de su grupo que hablen de su lugar de vacaciones favorito (playa, montañas, campo, etc.) y lo primero que les gusta hacer cuando llegan a ese lugar.

El propósito de este ejercicio es dar otra oportunidad a los miembros del grupo de compartir una parte de su vida diaria –aparte de sus áreas de problema–. Invítelos a todos a responder.

Autoconcientización

Permita 20-25 minutos

Frank B. Minirth y Paul D. Meier manifiestan: *"Cuando quiera que usted sienta algún enojo significativo hacia usted mismo, Dios, o cualquiera otro, lidiará mejor con el enojo si inmediatamente analiza si es apropiado o inapropiado. Ganará visión sobre su enojo"* (149).

Lea la siguiente descripción:

Jane y George son marido y mujer. Jane es la persona expresiva en el matrimonio. Sociable, amistosa y segura de sí misma. Ella es rápida para expresar sus opiniones y sus insatisfacciones con la gente o los eventos en su vida. Jane es también propensa a explotar repentinamente con palabras de enojo, en algunos casos, gritando y golpeando las puertas.

Su esposo, George, es lo opuesto a ella de muchas formas. Una persona calmada con emociones estables, consciente de su imagen pública y, por esto, se esfuerza por controlarse y controlar sus sentimientos. Él busca evitar las confrontaciones porque encuentra que los sentimientos que estas le producen lo hacen sentir muy incómodo. George, rara vez expresa su enojo o desaprobación en público, pero ocasionalmente se descontrola con sus hijos.

Durante las discusiones con su esposa, George trata de permanecer calmado y bajo control. Él es temeroso de que al mostrar su enojo provoque más a su esposa, haciendo que la situación empeore. Trata de controlarse en las discusiones con Jane porque el enojo que ella expresa es para él un dibujo del aspecto que no quiere llegar ser: mostrarse visiblemente airado y fuera de control. Pero, George, está furioso por dentro. Su enojo no lo expresa. Argumenta su caso mentalmente después de la discusión, aún murmurando maldiciones, cuando su esposa ha salido como un huracán de la habitación.

George y Jean ilustran dos formas básicas de cómo las personas tienden a manejar sus sentimientos de enojo-cólera-resentimiento, formas que traen muy pocos beneficios. Estos estilos, en parte, nacen de su propio temperamento y también como hábitos adquiridos de su habitual respuesta al enojo. La rabia es la acción de entregarnos a nuestros sentimientos de enojo y se muestra usualmente de forma verbal, aunque también la podemos manifestar maldiciendo, gritando, criticando, condenando, insultando, o con ataques de mal humor.

El resentimiento es la acción de retener los sentimientos de enojo dentro de nosotros. Generalmente, está caracterizado por pensamientos de enojo o sentimientos de crueldad y poco amistosos en presencia de otros. George, en el anterior ejemplo, puede ser más lento que Jane para reconocer sus problemas, como es estallar en público. De hecho, Jane siente mucha culpa de su enojo ante su familia y quiere cambiar y mejorar sus relaciones. George, por el otro lado, frecuentemente se siente convencido de su propia rectitud y cree que es la parte afectada, ya que no pierde su serenidad. Su resentimiento interno y su amargura son mucho más peligrosos que las explosiones de su esposa, puesto que él no reconoce ni trata de superar su problema.

Ambos estilos de expresión del enojo pueden ser nocivos y pecaminosos porque destruyen las relaciones humanas. Ambos, George y Jane están controlados por sus sentimientos y ninguno es libre de actuar consecuentemente con ideas que busquen resolver los problemas y construir relaciones.

Aconsejando sobre el enojo de Mark P. Cosgrove, PhD., 1998. Word, Inc. Dallas, Texas. Usado con permiso

¿Qué revela esta descripción sobre los dos estilos de expresión de enojo?	Jane es abierta y puede ventilar sus sentimientos de enojo a su esposo. George no puede expresar su resentimiento por esconder sus sentimientos.
El Dr. Cosgrove recalca que ocultar o reprimir su enojo puede ser la forma en que la mayoría de la gente lo maneja. ¿Cuáles son algunas de las expresiones que la gente usa para describir esta forma de manejar el enojo?	Pueden describirlo como: "siéntese", "enváselo", "llénelo", "póngale la tapa". Cuando enterramos nuestro enojo, podemos con frecuencia resultar depositándolo en otra persona o cosa. Este desplazamiento puede tomar una variedad de formas, tales como evitar el problema o a la persona que lo encoleriza. Puede revelar su enojo de otra forma conocida como comporta-miento pasivo-agresivo. Algunos ejemplos son: llegar tarde al trabajo, hallar faltas en los hijos y en la esposa para descargar su enojo en casa, aun "patear al gato". Mostrarse insensible ante una situación o persona que pueda indicar que está "acumulando enojo" hacia ellos o hacia alguna situación que los involucra. Esto puede constituirse en un alto nivel de resentimiento o de amargura. Muchas veces el enojo se emascara con sarcamos, ridiculizando o criticando jocosamente, o con humor hiriente.
¿Es posible que un cristiano no se enoje como hemos visto, porque siente que el enojo es pecaminoso y no puede ser expresado?	¡Sí! La *Biblia* enseña que el resentimiento y la amargura son malos sentimientos, por lo tanto, el pecado puede desarrollarse al contener el enojo. Los sentimientos que tiene hacia otros y que no se expresan honestamente pueden resultar en una expresión pecaminosa que no ocurriría si la persona fuera honesta, abriéndose con los demás. El nivelarse con alguien más –usted mismo, Dios, u otro– es arriesgarse a compartir sus sentimientos honestamente, de forma tan franca que no aísle sus sentimientos de enojo con otros, pero hacerlo le ayudará a prevenir respuestas pecaminosas.

> **DESARROLLO DE LOS PROBLEMAS EMOCIONALES**
> **RELACIONADOS CON EL ENOJO**
>
> **Fase 1: Agravio**
> Sentimientos heridos por desprecio personal o desilusión.
>
> **Fase 2: Frustración**
> Sentimiento que aparece cuando en la vida le dicen NO.
>
> **Fase 3: Temor**
> Sentimiento que viene con la pérdida de control y con expectativa de represalia.
>
> **Fase 4: Enojo**
> Sentimientos heridos acompañados de frustración y temor.
>
> **Fase 5: Ira**
> Enojo que "se ha fermentado" durante la noche con lo que obtiene fuerza y crece en amargura y en falta de perdón.
>
> **Fase 6: Hostilidad**
> Enojo acumulado y agresividad.
>
> **Fase 7: Odio**
> La máxima hostilidad que puede interiorizarse como depresión o que crece hasta explotar violentamente hacia uno mismo, hacia otra persona o grupo que es culpado por el dolor original.
>
> **Recuperación**: Para tratar con el enojo, volvamos al agravio. Reconozca la herida, tome responsabilidad por su parte y perdone a la otra persona por la herida que le causó.
>
> Autor: Dr. Raymond Brock. Usado con permiso.

Esta tabla nos ayuda a ver como expresiones pecaminosas de la ira se desarrollan cuando la persona no procesa esta emoción apropiadamente.

Cuando una persona siente el enojo, qué otros síntomas pueden desarrollarse?

Cuando la persona se mantiene preocupada con los pensamientos, dolores y pérdidas que se pueden acumular al pasar del tiempo, esto les agota su energía y estado mental asta causar tensión física. Estudios muestran una conexión entre la ira suprimida e hipertensión y el aumento en enfermedades del corazón. También sabemos que la ira y los sentimientos suprimidos pueden agravar la tensión muscular.

Introducción a la concientización espiritual

Las Escrituras nos dicen mucho acerca de ocultar nuestro enojo y cómo esto puede llegar a ser un punto para el desarrollo del pecado y así dar lugar para que Satanás cree una fortaleza.

Concientización espiritual

Permita 20-25 minutos

Los siguientes pasajes nos muestran cómo el enojo sin resolver hiere y cómo tratar con este problema.

Efesios 4:31 ¿Qué tan importante es descargar el enojo pendiente de acuerdo con esta Escritura?	Asigne las referencias de las Escrituras a los miembros del grupo para ser leídos en voz alta y discutidos. Es apropiado drenar o dejar salir la amargura. Esta Escritura muestra claramente lo que impide que un cristiano crezca.
Efesios 4:30 ¿Hay alguna conexión entre la aflicción del Espíritu Santo y el enojo guardado?	Sí, la amargura puede crecer e interferir con nuestras relaciones con Dios y con los demás.
Efesios 4:32 ¿Qué acción debe reemplazar la furia o el resentimiento?	Actuar con bondad hacia aquellos que están furiosos con usted. Perdone a cada uno.
2 Samuel 12:1-25 Haga que su grupo lea esto y brevemente recalque que en el v. 5 David experimentó enojo. ¿Cuando el profeta Natán confrontó a David qué pasó dentro de él que lo ayudó a ver sus pecados y su responsabilidad para tratar con ellos?	David era declarado culpable por la verdad de Natán y su encaramiento compasivo. David, un gran líder, que frecuentemente administraba justicia en forma rigurosa y con un comportamiento riguroso, vio sus pecados y los admitió ante Natán, ante él mismo y ante Dios. El enojo de David (v. 5) posiblemente desempeñó un papel en su propio conocimiento de los pecados que él cometió.

Guía del coordinador: *El enojo: nuestro amo o nuestro sirviente* • Punto decisivo

Salmos 38:4; 42:3, 5, 10; 51:1-6

¿Cómo el enojo acumulado expresa su presencia en la vida de David en estos pasajes? ¿Qué hizo con relación a esto?

La depresión puede ser un lugar de resguardo para el enojo. De hecho, cuando lo escondemos nos puede llevar a la depresión. Cuando las situaciones nos enfadan y empujamos los sentimientos hacia adentro, esto nos puede llevar a experimentar temporalmente odio hacia nosotros mismos. Es muy frecuente que los suicidas inadvertidamente estén enojados con ellos mismos.

A menudo les he preguntado a algunas personas severamente deprimidas, que reciben consejería y que pudieran estar contemplando la posibilidad del suicidio: –*"¿Estás consciente del enojo que sientes hacia ti mismo?"*. Ellos, frecuentemente, responden: –*"¿Por qué piensas que estoy furioso conmigo mismo?"*–. Y yo respondo: –*"Me parece que antes de querer matar a alguien debes estar muy enojado con él, inclusive si ese alguien eres tú mismo"*. Se cree que el suicidio, en muchos casos, está asociado con una depresión severa. La depresión es, frecuentemente, un resultado de episodios repetidos muchas veces de enojo acumulado y oculto. Reconocerla y revelarla a Dios y a una persona en quien pueda confiar le brindará una ayuda para superar la depresión.

Mateo 7:3-5

¿Cómo puede el enojo que nos está quemando por dentro, cegarnos al leño o a la viga que está en nuestras vidas?

Cuando empezamos a esconder nuestro enojo, podemos malinterpretar el motivo y la responsabilidad de los demás. Por ejemplo: un amigo puede que no quiera decirle algo, y usted puede pensar que él lo está evitando. Puede empezar a cegarse por su enojo acumulado y proyectarlo en otros, cuando erróneamente piense o perciba que otros están furiosos con usted. Esto lo cegará ante sus debilidades y fijará su atención en las faltas de los demás o en lo que puede pensar que es una falta en ellos. En este pasaje, Jesús nos habla que aunque nuestro hermano pueda tener una falta pequeña en su vida que rápida y claramente se observa, no debemos descuidar o cegarnos ante nuestros propios pecados. Si guardamos resentimiento podemos ver sus pecados y no los nuestros debido a nuestra corta vista o aún a nuestra visión cegada.

Marcos 11:25-26
¿Qué papel desempeña el perdón con relación al enojo acumulado?

El perdón suple la poderosa necesidad espiritual de descargar el enojo y el resentimiento. La única forma de nivelarse con alguien es perdonándolo y pidiéndole perdón. La cruz de Cristo y su mensaje va hacia el perdón. Jesús murió para limpiarnos de toda la amargura y el enojo que estaba arraigado en la naturaleza pecadora del hombre caído. Debemos crucificar la carne diariamente.

Romanos 12:19
¿Qué tan bueno es cumplir si cargamos una amargura o resentimiento hacia los demás? ¿Qué nos dice este pasaje que hagamos?

Descargue y permita que Dios, quien todo lo sabe y es perfecto en sus juzgamientos, tome acción en la situación.

Colosenses 3:21
¿Cómo nos ayudará esta Escritura a ser mejores manejando nuestro enojo acumulado en las relaciones familiares?

Los padres, especialmente el papá, necesita evitar ser provocado por sus hijos. Se ha dicho más acerca del manejo del enojo en las relaciones de familia en la sesión anterior. Sarcasmo, amenazas, ataques verbales y otras formas extremas de comunicación pueden amargar al niño. Esto produce heridas profundas entre padres e hijos.

Aplicación

Permita 20 minutos

Enterrar el enojo puede llevarnos a pensamientos y comportamientos pecaminosos. Necesitamos darnos cuenta de nuestra tendencia a ocultarlo o acumularlo. La iglesia, frecuentemente, permite a los cristianos identificarse con el dolor de sus sentimientos heridos y el sufrimiento de ese pasado, pero no con su enojo. En este grupo no correrá riesgo alguno si quiere decir: "Estoy herido", pero lo alentamos a que diga también: "Estoy enojado".

Esperamos que haya llegado al punto de desarrollar vínculos y confianza con el grupo, de modo que pueda compartir algo del enojo que pudo haber sido desplazado hacia otros, o que pudo haber ocultado y escondido de los demás. Como coordinador, es posible que pueda ser vulnerable y comparta algunos de sus sentimientos.

Respuesta personal.

Termine con una oración

> Pídale a los miembros que formen grupos de 2 a 4 personas y oren por las necesidades que hayan surgido con respecto al enojo acumulado.

Sesión 5 Cuando el enojo es pecado (Parte 2)

Introducción

Permita 10 minutos

Empiece con una oración

> Lidere al grupo en la oración y pídale a Dios ayuda para los miembros de su grupo, presentándose ellos mismos al Señor y entre sí para ver y crecer al estudiar el material de esta sesión. El conocimiento de las expresiones pecaminosas del enojo en nuestras vidas son frecuente-mente difíciles de enfrentar o tratar. Pida al Señor que le dé a cada uno de los miembros el valor de dar pequeños pasos para el crecimiento en la superación de las formas inapropiadas de tratar con el enojo.

Pregunta compartida

Tómese unos momentos con su grupo e invítelos a compartir sus lugares favoritos de la casa y por qué les gusta. Ayúdelos a estar relajados y abiertos el uno con el otro. Hagan algo divertido para lograrlo.

Autoconcientización

Permita 20-25 minutos

En nuestra última sesión, exploramos los daños y los beneficios de retener, ocultar o reprimir nuestro enojo. En algunos casos, retenerlo puede hacer que lo expresemos de manera pecaminosa, como con resentimiento o amargura. Sin embargo, controlar el enojo conteniéndolo y descargándolo sin dañar a los demás, ni a uno mismo, puede ser beneficioso. En esta sesión exploraremos una forma común de expresar el enojo, que muchas veces puede ser apropiada y otras no resulta ser la más apropiada.

Pídale a los miembros de su grupo que escriban una lista de palabras o de frases que describan el significado de desahogar su enojo o encolerizarse.

> Cuando una persona se abre o deja salir el enojo, podemos describirlo como: "explosión", "destape", "salirse del molde". El grupo puede aumentar esta lista.

Guía del coordinador: *El enojo: nuestro amo o nuestro sirviente* • Punto decisivo

Sesión 5   39

Sabemos que el enojo puede interiorizarse o exteriorizarse de forma dañina o de forma beneficiosa. Hemos visto los daños del enojo reprimido. Ahora veamos los daños de desahogar el enojo en episodios explosivos. Como veremos en nuestro segmento de "concientización espiritual" de esta sesión, es claro que la *Biblia* enseña que abrirse a la hostilidad, a la pérdida de temperamento, a los actos violentos, a las retaliaciones y a las expresiones agresivas de la ira, no es apropiado para los cristianos. Una persona que pierde el control de su enojo puede ser dirigido por este y actuar violentamente. La agresión que explota en sentimientos de enojo puede herirnos y herir a los demás. Cuando desahogamos nuestro ira con la familia, los amigos o los extraños, ocurren resultados negativos. Veámoslos:

1. Los problemas no son resueltos cuando ventilamos nuestro enojo con otros o lo lanzamos hacia ellos. De hecho es frecuente que se intensifique la hostilidad.

2. Las personas, que son el objetivo de la rabia y el enojo explosivo, son heridos emocionalmente y, en algunos casos, físicamente (cada año millones de niños son maltratados por la pérdida de control de sus padres; y esposas son abusadas por sus parejas). El enojo y la rabia frecuentemente controlan las emociones de las pandillas. Nuestro pastor habló recientemente en un programa de televisión en el que entrevistaba a miembros de pandillas. Uno de ellos, descaradamente, comentó que mataría inmediatamente a cualquiera que tan sólo mirara sus pantalones de mala forma o si no le gustaba el aspecto de los otros. Eso era suficiente para matar a un ser humano. También comentó que se emocionaba viendo salir la sangre de sus cuerpos a borbotones. Esto parece ser un ejemplo extremo de enojo violento, pero muchos de estos pandilleros actuaron de manera controlada y tranquila mientras decían esto. El enojo, la venganza y el odio producen negativos y nefastos resultados.

Haga que los miembros de su grupo tomen un momento y comenten sobre el impacto explosivo que el enojo ha jugado en los recientes episodios de violencia de su comunidad, Estado o nación.

> Los actos terroristas, los asesinatos en serie, etc. Las respuestas perso-nales pueden variar. Anime al grupo a continuar dando ejemplos.

3. El enojo que sale de forma violenta no logra cambios. Puede parecer que tiene cambios cuando amenaza a través de la agresión colérica, pero finalmente el respeto, el amor y los sentimientos calurosos disminuyen. Desahogarse con ira no tiene buenos resultados sobre los demás.

4. Cuando la gente explota o desahoga su enojo inapropiadamente, no les ayuda a expresarse mejor, ni a controlarse ni a aceptar su enojo. Lo

opuesto tiende a ocurrir. Las restricciones para soltar su enojo frecuentemente disminuyen y aceptan que su temperamento agresivo está bien. Esto tiende a mantenerlo en un estado que ayuda a perpetuar el ciclo del enojo, la culpa reiterada, etc.

Este modelo ha sido visto en aquellos que abusan de otros verbal o físicamente. La gente no presta más atención cuando alguien demuestra inapropiadamente su enojo.

En general, ¿cuál es la actitud que prevalece en la gente que demuestra o descarga su enojo en otros?

> Se preocupan sólo por ellos mismos. No les interesa si atacan a alguien más, los señalan, los maldicen o calumnian, los menosprecian y humillan, y se comunican de forma que violan los derechos y la dignidad de los demás.

¿Hay alguna diferencia entre irritación e ira?

Oliver y Wright en *When anger hits home* citan a John Lee en *Cómo puede ser la rabia devastadora*.

> ¡Claro que sí! La ira es diferente a una simple irritación y la pronta excitación del sentimiento del enojo. Es más violenta, hostil y puede causar heridas. La irritación puede llevar a niveles más intensos de enojo. En comparación con la irritación, esta es mucho más explosiva, dura, molesta, sarcástica y menos sensible en el trato con los demás.

> La ira es la más fea y la más mala de las emociones humanas. La ira es como el padre que arroja a su hijo contra la pared y lo mata. La ira es la madre que quema a su hijo con agua hirviendo para darle una lección. La ira es el esposo que golpea al perro de la familia porque entró a escondidas en la casa. La ira es el conductor que lo persigue por 10 Km, pitándole porque lo cerró por error. La ira es horrible y no tiene un lugar en las relaciones humanas normales. Ni en casa, ni en el trabajo, ni en público.

Considere durante unos minutos este texto con el grupo. Anímelos a que hagan algunos comentarios al respecto. ¿Hay alguna diferencia entre una persona enojada y una agresiva?

> Sí. Todos hemos experimentado la emoción del enojo, pero cuando este es interiorizado o exteriorizado con violencia se vuelve lo bastante fuerte para dominar nuestras vidas, llevándonos del enojo a la agresión.

Introducción a la concientización espiritual

Está claro que la expresión extrema del enojo como aparece en la ira, como los arranques violentos y el abuso verbal o físico hacia los otros, proporciona una negativa y dañosa forma de descargar esta poderosa emoción.

Concientización espiritual

Permita 20-25 minutos

Los siguientes pasajes nos muestran que desahogar el enojo de forma inapropiada puede ser pecaminoso.

	Asigne las referencias de las Escrituras a los miembros del grupo para que las lean en voz alta y las discutan.
Proverbios 15:1 ¿Cómo se relaciona el uso del lenguaje con el desahogo del enojo?	El contenido de las palabras salidas de un espíritu agresivo es doloroso. El resultado es la provocación a la ira de aquellos a quien son dirigidas.
Proverbios 15:18 ¿Qué recalca este pasaje sobre la pérdida del temperamento?	Produce más ira en los otros.
Proverbios 16:28 ¿Qué se necesita para producir la pelea y la discordia?	La agresividad. La persona iracunda planta semillas de discordia.
¿Qué implica la palabra "semillas"?	Pequeñas puñaladas, directas o indirectas, ataques a otros y los chismes pueden ser una forma agresiva en que el enojo hiere nuestras relaciones con otros.
Proverbios 22:24 Cuando nos asociamos con personas agresivas, somos afectados por ellas. ¿Qué nos enseña este pasaje acerca de lo que debemos hacer cuando nos enfrentamos con personas agresivas?	Este versículo nos recomienda evitar la contienda y controlar el enojo.
Marcos 3:17 Jesús llamó a doce discípulos para que lo siguieran. Les dio a dos de ellos, a los hermanos Santiago y Juan, el apodo de "hijos del trueno". ¿Cómo describe este apodo el enojo?	Obviamente estos hermanos eran conocidos por su temperamento explosivo por la forma agresiva en que expresaban su enojo.

Lucas 9:49-56
¿Qué responsabilidad tienen estos hermanos en la actitud que los samaritanos tuvieron con Jesús?

> Su forma hostil y agresiva y su intolerancia pudieron causar graves problemas. El hombre contendioso puede perder las almas.

Romanos 12:17
¿Cuál es el principio bíblico dado en este versículo con relación a desahogar el enojo hacia otras personas?

> Este pasaje nos muestra que bajo ninguna circunstancia un cristiano debe devolver mal por mal.

¿Cómo se relaciona este principio con la enseñanza de Jesús de "poner la otra mejilla"?

> Es consistente subrayando el principio de autocontrol y resistencia a responder enojo con enojo (mal por mal).

Colosense 3:8
Pablo instruye a los cristianos para sacar su enojo, furia, malicia, blasfemia y malas palabras de su boca. ¿Cómo es posible este cambio en la vida del creyente?

> A través de la presencia y el control del Espíritu Santo las personas reciben la fuerza para obedecer la Palabra de Dios.

Colosense 3:12-14
¿De qué se compone la nueva naturaleza que tenemos los cristianos?

> Tenemos la mente de Cristo. Somos nuevas creaciones en Él, así podemos revestirnos de su nueva naturaleza. Aplicando las cualidades dadas en este versículo, adquirimos la capacidad de perdonar aun en el momento del enojo.

Aplicación

Permita 20 minutos

Hemos visto que siempre es inapropiado desahogar el enojo contra nosotros mismos o con los demás. Cualquier expresión de enojo que abuse de otros no es bíblica. Pida a los miembros de su grupo que se fijen en las siguientes indicaciones. **Posiblemente algunos cambios están en proceso.** ¿Puede descubrir algunas áreas en las que las pueda aplicar? Piense en esto y pídale al Señor que lo ayude a aceptar lo que ha descubierto. Sea agresivo con los cambios que necesita en el trato con su enojo explosivo. Aunque sea uno solo de estos indicadores: ¡el objetivo es el cambio!

Oliver y Wright en *When anger hits home* registran esta nota: "Tratando el tipo de conducta y su corazón", Friedman y Ulmer identificaron ciertos comportamientos que, basados en sus estudios, pueden ser indicadores de una personalidad hostil. De acuerdo con el Dr. Friedman, si algún indicador encaja con usted, está a tiempo de luchar contra su tendencia a la hostilidad.

1. Se irrita o se pone furioso por el mínimo error de los miembros de su familia, de sus amigos, de los conocidos y aun de los extraños, o encuentra que tales errores son difíciles de tolerar.

2. Frecuentemente se encuentra en actitud de crítica al examinar una situación para poder encontrar algo que esté mal o que pudo haberse hecho mal.

3. Se encuentra frunciendo el ceño y reacio o incapaz de reírse de las cosas por las que sus amigos se ríen.

4. Se siente muy orgulloso de sus ideas y disfruta hablándole a los demás de ellas.

5. Frecuentemente se encuentra pensando o diciendo que no se puede confiar en la mayoría de las personas.

6. Siente desprecio aunque sea por una persona.

7. Tiene la tendencia a desviar el tema de una conversación hacia los errores de las grandes corporaciones, de algunos departamentos y de las oficinas del Gobierno o de la generación más joven.

8. Habla con frecuencia obscenidades.

9. Encuentra difícil dar cumplidos o congratular a otras personas con honesto entusiasmo (pp 225-226).

Termine con una oración

Pídale a los miembros del grupo que formen groupos de 2-4 personas y oren acerca de las nesecidades que pudieron haber sido descubiertas acerca de la ira guardada.

44 *Sesión 5* Guía del coordinador: *El enojo: nuestro amo o nuestro sirvienteo* • Punto decisivo

Sesión 6: Pasos para controlar su enojo

Introducción

Permita 10 minutos

Empiece con una oración.

> Tómese unos minutos al empezar la sesión y oren los unos por los otros en grupos de dos. Sugiera que las parejas estén de acuerdo con una necesidad especial en sus vidas, de tal forma que esta los una en la oración.

Pregunta compartida

Describa brevemente uno de los regalos favoritos o más significativos que recibió de cumpleaños, aniversario u otra ocasión especial. El regalo debe haber sido dado por su esposa, un familiar o un amigo especial. ¿Por qué es tan especial ese regalo para usted?

> Respuesta personal.

Autoconcientización

Permita 20-25 minutos

Se entiende que la gente puede tener muchos conceptos equivocados sobre sus sentimientos. ¿Sus sentimientos son correctos o equivocados? ¿Debo esconder mis sentimientos o demostrarlos? ¿De dónde vienen mis sentimientos: de Dios o de Satanás? ¿Puedo confiar en ellos? Los sentimientos, desde luego, son una parte indispensable de nuestras vidas. El enojo es uno de los sentimientos a los que nos referimos en las preguntas anteriores. Cuando una persona aprende que es alguien "con sentimientos", puede confundirse, ignorarlos o aun negarlos, especialmente si uno de ellos es el enojo.

Los sentimientos son un regalo de Dios. Son como guías que nos ayudan a sentir o a monitorear problemas o eventos en nuestras vidas. Son una parte del mecanismo total de respuesta que Dios creó en nosotros para ser motivados y entender, evaluar, juzgar y responder mejor a las situaciones y circunstancias de la vida. Aunque los sentimientos no son el criterio final que determinará nuestro comportamiento o decisiones, ellos todavía proveen una parte vital de la información total que necesitamos para ayudarnos a ser las personas que Dios quiere que seamos para servirle a Él y a los demás.

Guía del coordinador: *El enojo: nuestro amo o nuestro sirviente* • Punto decisivo

Sería trágico perder nuestra habilidad de contactarnos con nuestros sentimientos, es como si perdiéramos uno de nuestros sentidos, como la visión, el tacto o el olfato. Conocer o reconocer nuestros sentimientos es como empezar a tocar el "sexto sentido" que nos provee de una herramienta invaluable para ayudarnos a disfrutar las experiencias de la vida a plenitud, especialmente en las relaciones con Dios y con los demás. Esto es cierto, si consideramos los sentimientos de enojo que experimentamos.

Hemos estudiado previamente cómo podemos reconocer las formas inapropiadas de expresar nuestro enojo. Pídale al grupo que describan brevemente las formas equivocadas de manejar el enojo.

> Nosotros no lo negamos, lo ignoramos, lo escondemos o lo desahogamos con otros con un comportamiento abusivo.

Al prepararnos para manejar el enojo apropiadamente, sabemos que negar nuestros sentimientos, reprimirlos y/o explotar y lanzarlos a los demás puede resultar en un uso pecaminoso de esta poderosa energía creada por Dios en nosotros, para ser usada en forma productiva. También, al prepararnos para controlar el enojo, necesitamos recordar que la Palabra de Dios provee algunas guías o principios muy importantes que nos ayudarán a entender esta poderosa emoción y su propósito y el plan para usarla apropiadamente. Como hemos visto, la *Biblia* presenta variedad de declaraciones, palabras y situaciones que involucran la emoción del enojo.

Introducción a la concientización espiritual

Por lo que hemos considerado en nuestro estudio, deberíamos estar seguros de que el enojo es un asunto del cual la *Biblia* se ocupa con frecuencia. De todas maneras, al aprender a manejarlo, necesitamos conocer algunas verdades específicas que la Palabra de Dios nos muestra al respecto. Cuando nos tomamos el tiempo para explorar la *Biblia* detenidamente en el tema del enojo, descubrimos cosas interesantes. Pareciera que la Palabra nos dijera en algunos pasajes que el enojo es condenado y en otros que nos es permitido.

Concientización espiritual

Permita 20-25 minutos

Las Escrituras nos dan ciertas verdades clave para poder controlar el enojo. Pídale al grupo que lea los siguientes versos que presentan este punto de vista.

> Asigne a cada uno las referencias de las Escrituras para que las lean en voz alta y las discutan.

Salmo 37:8 y *Efesios 4:31*
¿Qué dice la Palabra de Dios que debemos hacer con el enojo?

"Deja la ira desecha el enojo".

Hay ocasiones en que el enojo parece ser aceptado y apropiado. Lea los siguientes versículos y recálquelos al grupo.

Salmo1 4:4 y *Efesios 4:26*
Las palabras "dejáis llevar de la ira" están en presente imperativo en el texto en griego. Esto se refiere al concepto ordenar una acción continua (*West Word Studies from the New Testament for the English Reader*, pág. 114). Parece que significa que la ira puede ser expresada bajo ciertas condiciones y ser condonada.

Génesis 1:26-27
Pídale al grupo que lea este versículo y luego pregúnteles: ¿Cuando Dios nos creó a su imagen, creó el enojo y la habilidad de expresarlo como una parte de su imagen?

Sí, la creación de Dios es buena incluyendo el enojo, el sexo, el poder y las otras emociones fuertes y la energía física que Dios dio al hombre. Esta poderosa fuerza nunca es buena o mala, pero permite que el ser humano decida cómo usarla. Es imperativo que la use para el propósito para el cual Dios las creó.

Los siguientes pasajes nos muestran varios principios bíblicos para usar el enojo creativamente como un sirviente y no dejar que se vuelva nuestro amo. Al estudiar esto, evalúe su uso del enojo y su obediencia a la Palabra de Dios.

Eclesiastés 7:9
Pida a un miembro del grupo que lea el principio bíblico y el versículo que soporta este principio.

Principio: No se apresure a defenderse estando enojado. No lo exprese inmediatamente.

Efesios 4:26-27
Este pasaje nos da varios principios importantes para el manejo del enojo. Dígales a los miembros del grupo que lo lean, pidiéndole la ayuda a Dios para entender estas verdades y aplicarlas en sus vidas.

Mantenga al grupo centrado en la lista de las siguientes verdades claves para el manejo del enojo.

1. La *Biblia* enseña a ser lentos con la ira, de todas maneras este versículo enseña que no debemos demorarnos en expresar el enojo más de lo que sea necesario. Si tiene que expresar su enojo, es importante hacerlo de forma apropiada y rápidamente. Por ejemplo, no espere que días, semanas, meses o años pasen antes de hablar con alguno que pudo herirlo o encender su enojo. La demora en mostrarlo puede causar mayor dolor a usted y a los demás.
2. Trate su enojo el mismo día que ocurre.
3. Trate su enojo mientras es el momento de hacerlo. No permita que se almacene en los fondos lodosos de los sentimientos de ira, represión y negación.
4. Cuando esté furioso, exprésclo o se volverá vulnerable y dará lugar a Satanás para usarlo a usted y a su enojo en expresiones pecaminosas de pensamiento y comportamiento.
5. No permita que al desarrollarse el enojo persistente, llegue a la amargura y al resentimiento.

Puede ayudarlo a ver, mientras observa a través de la *Biblia*, cómo muchos de los personajes "más conocidos" tienen que tratar con su enojo. Ellos frecuentemente expresaban su enojo hacia Dios y los demás.

2 Sam 6:6-8
¿Qué emoción expresó David?

David se enfadó con Dios cuando un hombre murió tratando de proteger el Arca de Dios.

Hechos 13:22
¿Qué dicen acerca de David?

Él era un hombre que tenía a Dios en su corazón. Él expresó sus sentimientos hacia Dios. En próximas sesiones veremos algunos pasajes de las Escrituras que revelan cómo los personajes bíblicos expresaron su enojo.

El Dr. Dwight Carlson en su libro *Overcoming Hurts and Anger*, dice lo siguiente:

> ¿Sabe quién en la *Biblia* se enojó con más frecuencia? No fueron los fariseos o los filisteos ni ningún otro grupo pagano. Fue Dios mismo, quien es libre de pecado. La palabra hebrea para el enojo aparece aproximadamente 455 veces en el Antiguo Testamento y, por lo menos, 375 veces se refiere al enojo de Dios.

Números 11:1
¿Quién está furioso en este versículo?

> El enojo de Dios está encendido (ha despertado). Como sabemos, el enojo de Dios es siempre apropiado.

Marcos 11:15-17
Jesús expresó su enojo y limpió el templo de los comerciantes, quienes deshonraban, irrespetaban, manchaban y dividían la casa de Dios.

Es importante que note que el enojo de Dios y el enojo de Jesús revelan el principio de cómo usar la fuerza del enojo creativamente. En algunos casos, el enojo puede ser virtuoso y su ausencia puede desagradar a Dios. Si Jesús hubiera permanecido calmado y controlado, el pecado habría continuado en el templo. Lea el siguiente pasaje que soporta esta verdad.

Núm 25:16-17
¿Qué le dijo Dios a Moisés que hiciera?

> Hostigad a los madianitas y heridlos.

1 Sam 11:6
El enojo de Saúl y su comportamiento animaron su rectitud y su falta de pecado. Pídale al grupo que consideren esta pregunta: ¿Si Jesús no hubiera respondido con enojo y hubiera mantenido su rectitud enfrentándolos con un comportamiento libre de pecado, podría haber pecado por no tomar esa acción?

> Por consiguiente, podemos concluir que el enojo, como aparece en las Escrituras, es presentado como neutral, ni bueno ni malo, ni apropiado ni bueno ni malo, ni apropiado ni inapropiado. La *Biblia* nos enseña qué es lo que nos pone furiosos (la fuente o base de nuestro enojo) y cómo se expresa lo que determina si el enojo es bueno o es malo.

Aplicación

Permita 20 minutos

La ira tiene poder. Dios creó esta energía para ser utilizada sin pecado o como una expresión correcta.

> Puede ser de gran ayuda en este punto revisar brevemente la Sesión 2, especialmente los componentes del enojo. Ayude a cada miembro a entender que para el uso creativo del enojo debe ser primero guiado por las Escrituras en los principios básicos de cómo debe ser manejado de acuerdo con la Palabra de Dios.

Discuta de qué forma puede ser expresado el enojo con los límites dados por las Escrituras.

> Estar furioso y pecar no significa que buscamos obedecer las advertencias de las Escrituras para evitar el enojo, la amargura y no perdonar, etc. "Caminar en el Espíritu" es la forma de manejar nuestros sentimientos de enojo. También ayuda profudizar la Palabra de Dios en nuestro corazón. Memorice las Escrituras que sirven para superar el enojo y promover la gentileza. Aprenda a detenerse y a orar cuando esté tentado a perder el control. Siempre nos ayudará "caminar en el Espíritu".

Pídale al grupo que describa alguna aplicación personal.

> Respuesta personal.

Termine con una oración

Pídale a Dios que lo ayude a desear saber todo lo que Él ha revelado sobre el enojo en su Palabra. Ore por los otros miembros del grupo para que cada uno vea claramente la verdad y la aplique en su vida diaria.

Sesión 7 Manejando su enojo

Introducción

Permita 10 minutos

Empiece con una oración

Pídale a un miembro de su grupo que dirija la oración inicial, la cual debe ser enfocada a las necesi-dades de conocimiento y sabiduría. Anímelos a tratar con el enojo de acuerdo con los planes de Dios. Busque ayuda para apren-der las nuevas habilidades para esta importante tarea.

Pregunta compartida

¿Cuál es su día favorito de la semana? ¿Por qué? ¿Qué lo hace especial? ¿Cuál es una de esas actividades que lo hace especial?

Permita que el grupo hable y que se inicie la siguiente discusión.

Autoconcientización

Permita 20-25 minutos

Para desarrollar un punto de vista saludable de nuestros sentimientos es necesario que lleguemos a una decisión con respecto al enojo. Esta emoción debe ser el centro o el objetivo de nuestra preocupación si estamos madurando en nuestro autocontrol y desarrollándonos como cristianos en crecimiento.

Como ya hemos visto, parece haber dos respuestas comunes al enojo: negarlo o retenerlo o enterrarlo y desahogarlo con despliegues agresivos, explosivos y temperamentales ataques de mal humor.

La *Biblia* muestra claramente que debemos practicar "ser lentos para la ira" (Stgo 1:19). Esta simple advertencia significa que podemos trabajar con sentimientos de enojo, no sólo enterrarlos o descargarlos con un temperamento explosivo. En esta sesión daremos un plan simple para aprender cómo ser lentos para la ira; por ejemplo, aprender a tomar el control, manejar y utilizar el enojo de forma productiva.

El siguiente procedimiento presenta pasos claros para ayudar a controlar los episodios de enojo que tienen lugar en su vida.

Esté en contacto con sus sentimientos

Reconozca sus sentimientos de enojo y acéptelos. Describa sus sentimien-tos: *estoy enfadado, estoy irritado, estoy furioso.* Determine los niveles y la intensidad de estos sentimientos: poco, bastante, mucho. Sea honesto con su enojo.

Admita que está perdiendo el control. En este punto no sea crítico con sus sentimientos como si estuvieran bien o mal, pero obsérvelos y piense en ellos como si estuviera calibrando la temperatura de su carro. La luz del calibrador se enciende: si es roja, indica que el motor está sobrecalentado. No trate de determinar la causa del daño, no trate de arreglarlo en este mo-mento, sólo observe la luz de alarma. ¡Está sobrecalentado! Sólo reconozca el hecho. Este es el principio del primer paso para controlar su enojo. Sólo reconozca y acepte de que se siente furioso. ¡No lo niegue! Dé un ejemplo.

Respuesta personal

Controle sus pensamientos

Al hacerlo será capaz de controlar y determinar qué decir o qué hacer. Alértese y alerte a los otros del hecho que está insatisfecho, enojado, furioso, o que se está poniendo furioso. No realice ninguna acción con sus sentimientos inmediatos. Sea sincero con usted y con los demás. Puede responder diciendo: *Lo que me dijiste me molestó mucho, por eso necesito pensar mi respuesta. De pronto necesitamos hablar de esto después que aclare mis pensamientos y sentimientos.* Sea cuidadoso con la situación que lo molestó, pero aplace acciones específicas hasta que piense cómo responder y cómo está afectando sus sentimientos. Fijar el tiempo para dar su respuesta es importante. Orar, definitivamente, ayuda a clarificar el problema y cómo debe tratar con él. Dé un ejemplo.

Respuesta personal

3. Localice la causa de su enojo

Pregúntese: "¿Qué me hizo poner de mal genio?" Busque lo que usted hizo y lo que los otros hicieron para llegar a este enojo. Piense en la raíz del problema. Si se encuentra furioso porque el carro no arranca, ¿es verdad que el carro no arranca, o es temor a llegar tarde y que su jefe se ponga furioso con usted? ¿O será que está furioso porque el daño del carro le causará un gasto adicional y estrés? Con el tiempo puede reconocer la verdadera causa de su enojo. Acepte la responsabilidad y procese la información para localizar la causa. Para estudios posteriores en este paso en particular del manejo del enojo, lea *The anger workbook* de los doctores Les Cartes y Frank Minirth (Bibliografía). El manual presta ayuda invaluable para saber que muchas necesidades como la inseguridad, el miedo, el orgullo, la soledad, la inferioridad y las expectativas irrealistas, pueden crear enojo. Dé un ejemplo.

Respuesta personal.

4. Piense su respuesta tratando de ser más racional y menos emocional

Pase tiempo ordenando sus creencias irracionales. Dígase la verdad acerca de los seres humanos y de sus situaciones. Nadie está equivocado o tiene siempre la razón. Está mal esperar a que los demás estén siempre felices y que lo puedan ayudar. Las personas pueden estar enfermas, cansadas y haber envejecido. Los demás tienen razones para sus comportamientos y no sólo es egoísmo, o que no reflexionen. Todos los seres humanos y todas las cosas no existen para nuestra conveniencia o propósitos. Controlará mejor el enojo si no dice: *"no puedo soportar esto..., o ellos deberían o no deberían..., o es mejor que ellos nunca...* Estas declaraciones lo llevarán a estimular sus emociones más que a pensar... Póngase en línea con la realidad y no permita que todo le fastidie hasta el punto que siempre "pierda el control" cada vez más por fallas normales que todos tenemos y experimentamos como un resultado de ser imperfectos y tener una naturaleza pecadora. *Nota:* Esto no significa que no tratemos con la realidad del pecado y lo malo, pero ser "lento para la ira" significa que nos estamos relacionando con la vida a través del autocontrol, la gracia y el entendimiento. Dé un ejemplo.

Respuesta personal.

5. Dirija su enojo a través de los controles que han sido enseñados

Al determinar su curso de acción, recuerde evitar los extremos que pueden ser dañinos: atacar, retraerse y encerrarse, conceder o negar el enojo que experimenta.

Si se cuida de alguien o de alguna situación, frecuentemente tendrá que escoger acciones que lo enfrentan a alguien o a alguna situación. David Augsburguer en su libro *Caring enough to confront*, llama a esto "sincerarse con amor". Esta acción puede ser necesaria. Puede necesitar ser amable y discreto en la confrontación, o fuerte y directo, como sea necesario para brindar una solución al conflicto. En este proceso de "sincerándose con amor", asegúrese de hacer lo siguiente:

1. Informe sobre el problema.
2. Muestre sus sentimientos apropiadamente.
3. Diga la verdad con amor.

Con la ayuda de Dios, escoja cuidadosamente la respuesta apropiada, las palabras, acciones y qué decir o no para brindar alguna salida y solución al problema. Desarrolle una lista de respuestas y acciones que trabajen para usted y para el bien de la otra persona. Es en este nivel que el enojo se vuelve su sirviente y puede ser productivo. Dé un ejemplo.

Respuesta personal.

Introducción a la concientización espiritual

Esta fórmula de cinco pasos para controlar su enojo, lo ayudará a desarrollar un control básico y un plan para llegar a dominarlo. Mire las siguientes Escrituras, enfocadas en la importancia del control de su enojo.

Concientización espiritual

Permita 20-25 minutos

El apóstol Pablo dice: "Toda la Escritura es divinamente inspirada, útil para enseñar, para persuadir, para reprender, para educar en la justicia" (*II Tim 3:16*). Vamos a ver las formas de aplicar la Escritura.

Mateo 5:22
¿Qué dijo Jesús acerca de la importancia de controlar nuestro enojo?

> Fíjese que el pasaje dice: *Si estás enojado sin razón, estás en peligro de ser juzgado.* Esto significa que no debes decir nada sin razón, sólo se puede estar enojado con justa causa. De todas maneras, si pierde el control y llama a alguien "idiota", estará en peligro de ser juzgado. Si pierde el control y responde a todo con enojo vengativo, estará en peligro del fuego del infierno.

¿Cuál es el principio que Jesús enseña?

> Al perder el control sobre su enojo, deberá enfrentar serias consecuencias. Esto es verdad para los resultados espirituales (la manera en que Dios trata con nosotros en su perfecta justicia) y las consecuencias naturales de no controlar su enojo.

Mateo 16:23
¿Cuál es la respuesta de Jesús para que Pedro entienda, de acuerdo con el paso 5 en la fórmula de los cinco pasos para controlar el enojo, discutida en la sección **Autoconcientización** de esta sesión?

> Él confrontó a Pedro y lo reprendió duramente con la verdad.

Hechos 15:2 ¿Qué revela este pasaje acerca de la necesidad de confrontar a los demás con amor y con la verdad?	Pablo estuvo en oposición y debate con estos hom-bres de Judea por algunas costumbres religiosas.
Gálatas 2:11 ¿Qué ocurre entre Pablo y Pedro?	Pablo se opuso a Pedro "cara a cara" porque creía que él estaba equivocado sobre el problema. Pablo pensó que era importante.
Proverbios 25:8-9 ¿Cuál es la sabiduría mostrada en este pasaje acerca del método de las acciones que podemos tomar si estamos enojados con alguien?	Cuando sea posible haga en privado la confrontación para tratar con el problema (ver *Mat 18:15*).
Eclesiastés 7:21-22 ¿Qué revela este pasaje sobre la necesidad de pensar sobre la respuesta a los otros cuando estamos enojados?	No nos enojemos si escuchamos que la gente nos critica. Esperemos y no permitamos que nos moleste cualquier persona con lo que haga o diga sobre nosotros.

Aplicación

Permita 20 minutos

El manejo del enojo y el uso de este para el bien requiere de práctica, al igual que de fuerza espiritual. Escriba los cinco pasos sugeridos en esta sesión para control del enojo. Trabaje en los que necesite practicar esta semana hasta convertir el enojo en su sirviente.

Lea *Stgo 1:19*. Discuta su significado con el ánimo de desarrollar un plan para evitar el uso destructivo del enojo.

Estudie cuidadosamente los formularios de *"Diario del enojo"* y *"Expresiones de enojo"*. Comprométase a usarlos durante nueve días para grabar sus respuestas. Esta herramienta es muy valiosa y lo ayudará a preci-sar las reacciones de su enojo y su intensidad. Esta disciplina puede pro-ducir ganancia en el aprendizaje de ser lento para la ira. Después de estos nueve días, compárelos con los de la sesión 1. Describa su progreso.

> Haga que los miembros del grupo discutan los pasos necesarios para trabajar en sus vidas. Discuta la forma de progresar en estos pasos.
> 1. Manténgase en contacto con sus sentimientos.
> 2. Controle sus pensamientos.
> 3. Localice la causa de su enojo.
> 4. Piense su respuesta para ser más racional y menos emocional.
> 5. Dirija su enojo a través de los controles aplicados.

Mi diario del enojo

Día	1	2	3	4	5	6	7	8	9	10
Frecuencia										
¿Cuántas veces se siente enojado diariamente interior o exteriormente?										
Intensidad										
En una escala de 1-10, ¿cuál es la intensidad de su enojo hoy? (10 = Intenso. 1 = Calmado)										
Duración										
¿Usualmente cuántos minutos dura enojado? Anote un promedio.										
Expresiones negativas										
¿Cuántas veces su enojo lo lleva a expresiones negativas?										
¿Cuántas veces su enojo lo lleva a expresiones negativas?										
Disturbio en las relaciones										
En una escala de 1-9, ¿su enojo ayuda o impide sus relaciones? (9 = ayuda; 1 = desastre)										

Llene la planilla "Expresiones de enojo". Considere las dos últimas veces que estuvo enojado con cada persona y cómo lo expresó. Observe cómo expresa su enojo la próxima vez que se sienta furioso con cada una de esas personas.

EXPRESIONES DE ENOJO

Marque con una X cómo expresó su enojo recientemente con las siguientes personas.

Persona	Lo reprimió	Indirecto	Directo
Esposa	_____	_____	_____
Hijos	_____	_____	_____
Padre	_____	_____	_____
Empleados	_____	_____	_____
Compañeros	_____	_____	_____
Amigos	_____	_____	_____

¿Qué tipo de expresión usó con más frecuencia?

_____

_____

¿Qué puede hacer para que su expresión del enojo sea más saludable y más productiva?

_____

_____

Piense acerca de las siguientes personas con las cuales usted podría expresar enojo. ¿Cómo responden ellos cuando usted está enojado? Escriba cómo responderá usted la próxima vez

EXPRESIONES DE ENOJO

Marque con una X cómo expresó su enojo recientemente con las siguientes personas.

Persona	Lo reprimió	Indirecto	Directo
Esposo			
Hijos			
Madre			
Empleados			
Compañeros			
Amigos			

¿Qué tipo de expresión usó con más frecuencia?
_____
_____

¿Qué puede hacer para que su expresión del enojo sea más saludable y más productiva?
_____
_____

Piense acerca de las siguientes personas con las cuales usted podría expresar enojo. ¿Cómo responden ellos cuando usted está enojado? Escriba cómo responderá usted la próxima vez
_____
_____

Tomado de *When Anger Hits Home* de Gary Jackson Oliver y H. Norman Wright, 1992. Moody Press. Usado con permiso.

Termine con una oración

Permítale a cada uno pedir en oración por lo que necesita mejorar en el aprendizaje de ser lento para el enojo.

Sesión 8 — Manejando el enojo en su matrimonio y/o relaciones de familia!

Introducción

Permita 10 minutos

Empiece con una oración

> Ore para que Dios ayude a cada miembro del grupo a reconocer la importancia del manejo del enojo en sus relaciones familiares.

Pregunta compartida

Pídale a algunos miembros del grupo que describan de forma breve las circunstancias de su familia o de su matrimonio. ¿Tiene hijos? ¿Viven con usted? Si no vive con su esposa(o) o con miembros de su familia, ¿cómo es su relación con ellos?

> Mientras cada miembro comparte, note que podemos aprender acerca de las circunstancias de cada grupo familiar.

Autoconcientización

Permita 20-25 minutos

Es cierto que la mayoría de parejas experimenten el enojo en su matrimonio y con sus hijos. Necesitamos tener una información adecuada y exacta de cómo tratar con el enojo en nuestro matrimonio y con la familia. Las discordias y los conflictos son inevitables. El matrimonio nos obliga a aceptar las necesidades de nuestra pareja y someter nuestras debilidades a la otra persona. Si usted es una persona intensa, podrá experimentar dolor y/o placer. El área del enojo en el matrimonio es un tema extenso. David Mace, pionero en el campo del enriquecimiento en el matrimonio ha descrito su lugar apropiado en este.

> *Esto no significa que no tenga derecho a estar enojado. En una situación apropiada, su enojo puede ser un salvavidas. El enojo nos habilita para afirmarnos en situaciones donde lo debemos hacer. El enojo expone un comportamiento antisocial ante los otros. El enojo nos lleva por el camino equivocado. En un matrimonio amoroso estas medidas no son necesarias.*

Mi esposa no es mi enemiga. Ella es mi mejor amiga y no nos ayuda si la trato como a mi enemigo. Entonces, digo: "Estoy enojado contigo, pero no me gusta estar así; no quiero herirte, prefiero acariciarte". Esta renuncia al enojo de uno de los lados previene la aparición de enojo vengador del otro lado, y la tendencia a ser arrastrados hacia lo que llamo "duelo de artillería". Si presento mi enojo contra mi esposa como un problema que tengo, ella no estará motivada a responderme agresivamente. En vez de avanzar hacia la pelea es una invitación a negociar.

Tomado de *When anger hits home* de Gary Jackson Oliver y H. Norman Wright, 1992. Moody Press. Usado con permiso

¿Puede recordar el primer episodio de enojo que tuvo con su pareja o con los miembros de su familia?

Respuesta personal.

Las siguientes áreas parecen ser los campos de batalla del enojo: expectativas no cumplidas, necesidades no cubiertas, diferencias en aspectos de fondo, la forma como damos y recibimos amor, el dinero, el sexo, la comunicación, los parientes políticos, las reglas, las concesiones con la pareja, la fatiga, las presiones de tiempo, las demandas físicas, el estrés del trabajo, las privaciones del sueño, las carreras competitivas, etc.

El poder y el control parecen ser los problemas que encierran a las parejas dentro de su interminable guerra y, como en el juego "halar la cuerda", obstinadamente continuarán peleando por la victoria, y el enojo es la energía vital para lograrlo. El concepto bíblico del matrimonio está construido en el principio de la sumisión del uno al otro por amor. ¿Pero esto genera conflicto? ¡Sí! En un matrimonio saludable, la pareja sufre conflictos de vez en cuando. El compromiso del matrimonio exige que se mire usted mismo o su egoísmo, y que su pareja se mire a sí misma y su egoísmo. Así, los "el quiere" y "ella quiere" y los "él necesita" y "ella necesita" y "él espera..." o "ella espera..." erupciona en discrepancias y discusiones. En nuestra cultura favorecemos la independencia y la confianza en sí mismos. Se atribuye muy poco valor a la colaboración, la flexibilidad y ceder para lograr un mejor objetivo. Aún así, estamos luchando con problemas que no podemos resolver. Crecer y madurar se desarrollan mientras trabajamos en resolver los problemas y los conflictos en equipo. Alejarnos del problema o de nuestra pareja puede significar menos enojo, pero siempre se perderá la intimidad y el potencial de crecer como pareja. Mark Cosgrove dice: *"En consejería para el enojo, muchos matrimonios fracasan, no porque se hayan casado con la persona equivocada, sino porque* **no están** *siendo las personas correctas"* (107).

En nuestros matrimonios y nuestras familias necesitamos la libertad de expresar el enojo y el dolor de forma apropiada con amor y sinceridad. Los sentimientos deben expresarse sin miedo al rechazo y sin herir a la pareja o miembro de familia.

Nombre dos áreas de su matrimonio o de su familia que estimule los episodios de enojo entre sus miembros.

Respuesta personal.

Los desacuerdos son normales y aún inevitables en el matrimonio y las familias. Considere lo siguiente para que usted y su pareja puedan usar el enojo de forma constructiva en su matrimonio.

- Aprenda a manejar los conflictos admitiendo que está enojado.

- Primero, trate con su enojo.

- Practique las habilidades aprendidas en las sesiones previas.

- Comprométase a "ser lento para la ira".

- Pregúntese: "¿Cómo la presencia de Jesucristo en mi vida afecta la forma en que respondo a mi pareja o a los miembros de mi familia en esta situación?"

- Aprenda cómo apaciguar su enojo. Piense cómo evitar situaciones que le causan enojo.

- Haga que su mente no le coja fastidio a todo. Amor abnegado significa hacer todo cuanto sea posible para evitar las situaciones irritables y los conflictos innecesarios en su vida de pareja y con su familia.

- Propóngase en su corazón a no reaccionar desmedidamente, amenazar, golpear, maldecir, gritar o poner apodos a su pareja. Habrá momentos en que usted necesite descubrir algunas "técnicas" para usar de común acuerdo y ayudar a disipar la intensidad de los momentos acalorados en el diálogo. Algunas parejas usan el "tiempo fuera" para controlar sus impulsos o sentimientos; otros cuentan hasta 10, otros cambian de ambiente o de tema para lograr calmarse y retomar el problema y resolverlo más tarde.

¿Qué método ha usado para controlar el enojo en su matrimonio o en su familia?

Retirarse, calmarse, aislarse, contenerse, etc.

Siempre que un matrimonio o en una relación de familia no pueden encontrar una solución a un conflicto de enojo, es probable que se deba a que uno o ambos han saboteado su diálogo o comunicación. Una buena comunicación requiere práctica. Las parejas y los miembros de familia frecuentemente *pelean de manera sucia* y bloquean la comunicación e incrementan su enojo.

Una herramienta sencilla que una pareja o un núcleo familiar pueden usar para evitar estos episodios y controlarlos mejor si es agredido en un conflicto, es lograr un *convenio de comunicación* o un *acuerdo previo* de cómo actuarán durante sus discusiones. Es como el ejemplo del libro de Gary Oliver y Norma Wright, *When Anger Hits Home*. (167-168).

Aquí hay dos puntos del acuerdo que una pareja desarrolló para mejorar su comunicación y sus habilidades para resolver problemas.

1. *No exageraremos ni atacaremos a la otra persona durante la discusión.*

   a) Me limitaré al problema específico.

   b) Tomaré algunos segundos para buscar las palabras que me permitan ser exacto.

   c) Consideraré las consecuencias de lo que digo antes de decirlo.

   d) No usaré las palabras: siempre, todo el tiempo, cada cosa, nada, etc.

2. *Trataremos de controlar los niveles emocionales y la intensidad de la discusión (sin gritar, sin enojo incontrolable, sin comentarios hirientes).*

   a) Nos separaremos un tiempo para calmarnos si cualquiera de nosotros sentimos que nuestro enojo está empezando a elevarse demasiado. El tiempo de separación será de 1 minuto y la máxima 10. La persona que necesita la mayor cantidad de tiempo para calmarse fijará el límite de tiempo. Durante el tiempo muerto, cada uno y por escrito definirá el problema que está siendo discutido. Esto incluirá: Primero, identificar la causa específica del enojo. Segundo, elaborarán una lista de las áreas de acuerdo sobre el problema. Tercero, harán lo mismo con las áreas en desacuerdo; cuarto, tres posibles soluciones serán enlistadas. Cuando se reúnan nuevamente, la persona que ha estado más alterada expresará a la otra: "Estoy interesado en lo que escribiste durante este tiempo de separación. ¿Lo compartes conmigo?"

   b) Antes de decir algo, decidiré si me gustaría que me dijeran lo mismo con las mismas palabras y el mismo tono de voz.

Es muy útil para las parejas y las familias apoyarse el uno en el otro para poder guardar su *acuerdo de comunicación*. Pregúntele al otro qué necesita para controlar sus sentimientos de enojo, por ejemplo: *Quiéres que me calle, que salga de la habitación, que no te interrumpa, que te abrace, que escuche lo que tienes que decir*, etc., cuando estás perdiendo o a punto de perder el control de tu enojo. Reflexione y pregúntese:

¿Cómo puedo hacer que funcione este proceso? Los esposos deben compartir el proceso o el acuerdo y ayudarsen para que funcione mejor.

Enumere las formas en que quiere que su ser amado le responda cuando usted esté enojado.

Respuesta personal.

Así como las parejas crecen en el manejo de sus habilidades de control, ellos sabrán cuándo ignorar cosas triviales y cuándo discutir sobre cosas importantes de la relación interpersonal.

Aprender a manejar las tormentas matrimoniales y las de familia es más que sólo aprender las "técnicas para la resolución de conflictos", habilidades de comunicación, etc. Estas son sólo una ayuda para las habilidades de la pareja y la familia para tratar con su enojo. El factor más importante en el aprendizaje del manejo de este en el matrimonio y en la familia es ver que el dominio propio es una cuestión de carácter. El propósito de este estudio es ayudarnos a ser más cariñosos y menos egoístas en nuestras relaciones. Nuestro matrimonio y nuestra familia pueden ser destruidos por muchas fuerzas, pero una de ellas que no tiene porqué acabarlo es el enojo. Las soluciones de este en el matrimonio y en la familia no se reducen a una lista de sugerencias prácticas. Las personas necesitan cambiar en el interior para poder desarrollar relaciones de amor y de cuidado mutuo sin abuso.

Introducción a la concientización espiritual

Los principios bíblicos sobre cómo deben funcionar las relaciones matrimoniales y de familia proveerán una gran fuente para mantener unas relaciones saludable, lo cual también ayudará a controlar el enojo apropiadamente.

Concientización espiritual

Permita 20-25 minutos

Sometersen "unos a otros en el temor de Cristo" (*Ef 5:21*) involucra el control del enojo en el matrimonio y en las relaciones familiares.

Asigne un versículo a cada miembro del grupo.

Salmos 103:8
Dios es lento para la ira. ¿Por qué un esposo o un miembro de familia debe mostrar esta cualidad en su vivir?

> Dios tiene emociones y aun así Él nunca pierde el control. Él mostró su enojo para producir o provocar rectitud (vivir y juzgar correcta-mente), y siempre con amor y misericordia. Una persona debe tener estas cualidades en su liderazgo con su esposa y su familia.

Mateo 5:38-42
¿Cuál es la primera enseñanza sobre el enojo y cómo responder a alguien que está maltratándolo?

> Este es el pasaje llamado la enseñanza de "pón la otra mejilla".

¿Qué nos enseñó Jesús?

> En el v. 39, Él dice que no respondamos con maldad o malos tratos. En el v. 40 nos dice que le deje su manto y lleve la carga una milla extra. La verdad espiritual es que una respuesta con enojo puede ser evitada si contestamos con amor y oración (*Mat 5:43-44*). Jesús enseña que es más importante para las personas manejar los insultos y tener la libertad de asimilarlos y no dejar que perturben su paz. Para soltar sus posesiones (por ejemplo, la manta) Él tiene el control de sus sentimientos y no permite que el enojo de otro o la intimidación toque su espíritu. Esta cualidad es necesaria en el matrimonio y en las relaciones familiares, especialmente cuando los niveles de enojo son altos. Si está fuera de control, no puede mostrar amor, paz y misericordia.

¿Practica este principio en su matrimonio y/o relaciones familiares?

> Respuesta personal.

Efesios 5:22-33

¿A quién da Pablo más indicaciones para el matrimonio, al esposo o a la esposa?

> Los esposos son desafiados a amar a sus esposas como Cristo amó a la iglesia, y las esposas deben practicar la sumisión "amorosa" a la autoridad amorosa.

¿Usted y su pareja aceptan estas responsabilidades en su matrimonio?

> Respuesta personal.

¿Qué puede hacer un esposo para que su esposa se sienta amada, cuidada y apoyada?

> Escúchela, realice actos amorosos de compasión y comunicación. Trate los conflictos de forma bíblica.
>
> Pida a las mujeres del grupo que respondan después que los hombres.

¿Qué puede hacer una esposa para "someterse" a su esposo y ayudarlo a cumplir su trabajo bíblico como líder del hogar?

> Respuesta personal para las mujeres del grupo.
>
> Pida a los hombres que respondan después que lo hayan hecho las mujeres.

¿Qué enseña este pasaje con respecto a cómo el esposo, la esposa o un miembro de familia están relacionados para manejar mejor su enojo?

> Si hacemos un compromiso como pareja o como miembro de familia para cumplir nuestras respon-sabilidades, estaremos menos dispuestos a competir, pelear, dirigir o mostrar nuestro egoísmo. Los matrimonios y familias cristianas nunca son "yo quiero si tú quieres", pero tomamos nuestras responsabilidades individuales, incluyendo el manejo del enojo a nivel de pareja se debe para lograr la armonía de que habla *Ef 5:33*. "De todas maneras, cada uno debe amar a su esposa como se ama a sí mismo, y la esposa debe respetar su esposo".

Colosenses 3:13
Frecuentemente estamos enojados porque otros pecan contra nosotros. El manejo bíblico del enojo, en este caso, es el perdón. La guía de este verso es "perdonar no es una opción, es un regalo".

| | El perdón no es una opcion, es una orden. "Perdona como el Señor te perdonó". Es un regalo, que algunas veces recibimos o damos. Jesús dio su vida para que experimentemos el perdón. Lea *Col 2:13-14*. |

Romanos 14:13
¿Qué frase sensata le dijo a su pareja o a los miembros de familia en estos días? ¿Lloró su pareja por sus críticas? Piense en algunas formas de reconfortarla con sus palabras y acciones.

Dé tiempo para una reflexión personal.

Gálatas 6:2
¿Qué tan compasivo ha sido recientemente con en su diario vivir?

Respuesta personal.

¿Qué tan sensible ha estado con las necesidades de las que lo rodean?

Respuesta personal.

¿Cómo le demuestra a los suyos, cuando están perturbados o heridos, que los cuida de su dolor?

Discuta la importancia de ser sensible a las necesidades de los suyos, sus sentimientos y sus dolores. Dé a los miembros del grupo una lista con las formas específicas de mostrar compasión.

Aplicación

Permita 20 minutos

Lea este párrafo y piense cómo tratan con el enojo usted y su pareja o familia. Posiblemente puedan comprometerse con el principio bíblico de "detener" su enojo para que Dios pueda completar su propósito en la vida de cada uno.

Las parejas y sus familias que están madurando en el manejo del enojo y el conflicto saben cuándo mantener la calma sobre las cosas triviales y cuándo discutir por las cosas importantes de la relación. Es frecuente aconsejar no hacer nada cuando uno se irrita o se enoja con los demás. Hay muchos conflictos e intereses en el matrimonio y en la familia que pondrá furioso a alguno de sus miembros. Las personas no deben hacer perder el control a los demás con continuas expresiones de enojo por cosas triviales, de modo que las cosas importantes sean ignoradas cuando estas surjan. Sobre los beneficios de contener el enojo, Carol Travis escribe:

> *En el análisis final, el control del enojo depende de que nos responsabilicemos de nuestras emociones y acciones, negándonos a la tentación, por ejemplo, de permanecer furiosos o quedarnos con un resentimiento silencioso. Una vez que el enojo se convierte en una fuerza para regañar a la persona más cercana en vez de terminar esa mala situación, sólo nos hace perder credibilidad y poder. Se alimenta sólo a sí mismo. Y esto es seguro como la salida del sol, que contribuye a una vida malhumorada.*

Sería difícil decir más claramente que bloquear el enojo puede ser positivo, pero posiblemente las palabras de las Escrituras lo dicen mejor. "Una respuesta amable calma el furor..." (Prov 15:1).

(*Counseling for anger* de Mark P. Crosgrove, PhD., 1988. Word, Inc. Dallas Texas. Usado con permiso.)

De acuerdo con Prov 15:1, ¿cómo podemos prevenir que el enojo avance hasta la pérdida de control?

El tono de voz y las respuestas suaves que demos a los demás pueden disminuir el enojo. En el matrimonio no sólo tiene que tratar con sus sentimientos de enojo, sino también con los de su pareja. Este versículo nos enseña a no ondear una bandera roja frente a un toro rabioso. El enojo frecuentemente lo alcanzará si lo aviva con "palabras dolorosas". Si su pareja está "resoplando" y "manoseando el barro" no diga: "carga", para ondearle la bandera roja.

Termine con una oración

Enfoque su oración sobre la petición a Dios: "Señor, ayúdame a ver a mi pareja y a los miembros de mi familia como un regalo de Dios y así poder contribuir para que sea(n) mejores personas. Ayúdame a demostrarles amor, respeto, entendimiento e intimidad. Que pueda ver los malentendidos y los conflictos como una gran oportunidad para entenderlos y acercármeles. Ayúdame a reconocer mi enojo, tomar la responsabilidad de aprender a expresarlo de forma que no esté en conflicto con la Palabra de Dios y su propósito para nuestro matrimonio. En nombre de Jesús, amén".

Sesión 9: Aceptando la responsabilidad de controlar mi enojo

Introducción

Permita 10 minutos

Empiece con una oración

Dé gracias a Dios por los miembros del grupo que han asistido a todas las sesiones. Pídale por su sabiduría y su presencia en cada creyente y por su grupo.

Pregunta compartida

¿Qué es lo bueno que está pasando en su vida en este momento? Comparta un testimonio de alabanza por las bendiciones de Dios en su vida.

Respuesta personal

Autoconcientización

Permita 20-25 minutos

Diez pasos para el cuidado preventivo del enojo

Como estamos llegando a la conclusión de nuestro estudio del control del enojo en nuestras vidas, debemos comenzar a ver los progresos de hacer del enojo nuestro sirviente. Como han trabajado en aceptar su enojo y están desarrollando sus habilidades para controlarlo, esperamos que esté ocurriendo un crecimiento.

Cuando nuestros dos hijos eran pequeños, frecuentemente escuchaba a uno decirle al otro en tono lloroso y de reproche: *"¡Oh, por qué no creces de una vez!"* Esto lo usaba para manipular y hacer que su hermano dejara de hacer algo u obtener algo. *"¡Estás actuando como un bebé!"*, también se escuchaba con frecuencia. Dios quiere que crezcamos, por supuesto. Él no quiere decirlo para manipularnos con tono de voz quejumbroso, no quiere humillarnos ni bajarnos el ánimo.

En nuestra sección "Concientización espiritual" veremos que la Palabra de Dios nos anima a llegar a ser como Cristo y a madurar. El manejo del enojo es una función de madurez espiritual. Así como crecemos y desarrollamos nuestra relación con Dios por vivir una vida cristiana consistente, seremos capaces de controlar nuestro enojo y usarlo como un regalo de Dios. Esto toma tiempo, disciplina y frecuentemente requiere de la ayuda de otros, a quienes somos responsables de nuestro crecimiento.

En nuestro estudio hemos descubierto la definición del enojo y sus causas y las muchas respuestas que podemos dar al sentir, pensar y actuar con enojo. Sabemos aceptar la responsabilidad de controlarlo. Es importante no sólo considerar las formas, sino también cómo evitarlo. Debemos trabajar en el control del enojo cuando estamos en períodos de calma y no de exaltación. A continuación enumeramos algunas sugerencias para balancear nuestras vidas, a fin de no usar mal o pecar con el enojo. Aplíquelas durante los momentos de calma y disminución del mismo. Como dice un amigo mío: *"Golpée cuando el acero esté frío, no cuando esté caliente"*. Esto lo ayudará a manejar mejor los momentos *calientes* cuando el enojo esté elevado.

1. **Mantenga su vida balanceada y con propósito.** Mantenga las metas de su vida –física, espiritual, intelectual y social–. Permanezca activo.

2. **No descuide su salud, la dieta, el descanso y la variedad de su rutina.** Organice el tiempo para disfrutar de la belleza exterior creada por Dios. Leer buenos libros, meditar, tener momentos de tranquilidad y hacer caminatas saludables con su familia y los amigos ayuda a mantener bajo los niveles de enojo. Cultive una afición adecuada.

3. **Pase tiempo con Dios, su Palabra y en oración.** Pase cada día un tiempo a solas con Dios, esto le ayudará a desarrollar el carácter de Dios en su vida.

4. **Evite el estrés.** Cuando lleguen las crisis aprenda cómo reaccionar emocionalmente de tal forma que pueda sobrellevarlas mejor. Somos más susceptibles al enojo cuando estamos deprimidos, con temor o aún alegres y en regocijo.

5. **Sea realista con sus expectativas y con las de los demás.** Algunas veces esperamos mucho de nosotros o de los demás. Una de las formas más rápidas de dominar y aún de prevenir el enojo pecaminoso es revisar sus expectativas. ¿Son apropiadas y realistas? Enumere las cosas que lo presionan e irritan. Mire la lista, ¿son legítimas sus necesidades y expectativas? Sea honesto. Trate con aquellas que son irreales para usted y para los demás, de otra forma continuará enojándose por esto.

6. **Guarde su lengua y su manera de hablar.** Practique el arte de escuchar. Escuche lo que habla. ¿Es negativo y se autocompadece? ¿Es crítico con usted mismo y con los demás? Pida a Dios que lo ayude a aprender a controlar su lengua.

7. **No se compare con los demás.** Aprenda a aceptar a los otros con sus dones y talentos. No tiene que competir con los demás. Use esa energía creativa para ser productivo, no sea envidioso, furioso, ni se amargue con los éxitos y habilidades de los otros. ¡Dios lo creó! ¡Sea usted mismo!

8. **Evite personas irascibles y situaciones que provoquen enojo cuando no esté preparado para manejarlo.** Sea cauteloso para no estimular el enojo. Apártese de personas o de situaciones hasta que haya madurado lo suficiente en paciencia, control y honestidad, al igual que en sabiduría para responderles.

9. **Abandone los viejos depósitos de enojo: perdone y olvide.** Si está albergando viejas heridas y residuos de enojo o resentimientos que siguen sin resolver, trate con ellos. Como cristiano es una "nueva persona en Cristo". De todas maneras, las viejas heridas pueden aún lastimar. Sánelas pidiéndole a Dios y a los otros que lo perdonen. Perdone, decida dejar el rencor guardado. Deje de lamer sus viejas heridas. Perdonar no significa minimizar el dolor o el daño que nos han causado. Cualquiera que sea el caso, debemos perdonarlos y perdonarnos. Las otras alternativas son guardarlo, negar que lastima, volverse amargado o resentido, o aun atacar. Ninguna de estas opciones nos liberan efectivamente del enojo reprimido. Practique esto en cada área de su vida. Mantenga cuentas cortas con el enojo y su vida será menos agresiva.

10. **Trabaje en mejorar sus relaciones para reducir el enojo en ellas.** Plante semillas de paz, gozo y autocontrol con los que están cerca de usted. Grandes dividendos le serán pagados mañana por el esfuerzo de hoy.

¿Cuál de los 10 pasos es el más difícil para usted? ¿Por qué?

Respuesta personal

Introducción a la concientización espiritual

Mantenga el crecimiento personal como una meta para mejorar, madurar y empezar a ser la persona que Dios quiere que sea cada día. Los 10 pasos para prevenir el enojo que hemos estudiado tienen origen en la Palabra de Dios. Los siguientes pasajes proveerán inspiración para alcanzar la meta de controlar el enojo.

Concientización espiritual

Permita 20-25 minutos

Éxodo 20:10
¿Por qué Dios nos proporciona unas órdenes con respecto al descanso y al culto?

> Da la oportunidad de restaurarnos espiritual y físicamente. Este descanso periódico y regular nos ayudará a tomar mejor el control de nuestras vidas y finalmente a controlar nuestro enojo.

Salmos 16:9
¿Por qué este pasaje habla acerca de nuestro cuerpo?

> Nuestros cuerpos necesitan tiempo para ser restaurados. Esto incluye el descanso el cual nos provee un refresco que nos da sensación de esperanza o renovación. Cuando evitamos sobrecarga en nuestro cuerpo, la mente y las emociones, vemos las situaciones con más precisión evitando reaccionar con enojo.

Isaías 30:15
Es importante desarrollar momentos tranquilos con Dios. ¿Cómo puede la quietud y la confianza darnos fortaleza?

> Para soportar el estrés diario, necesitamos tranquilidad. La quietud delan-te de Dios nos proporciona confianza estando en su presencia. Él puede ayudarnos a controlar nuestro enojo al igual que puede proveernos la fuerza para tratar con la gente y las situaciones difíciles, lo que nos ayudará a calmarnos y a dejar que Dios nos dé paz en vez de lastimarnos con nuestro enojo. Nos hará lentos para la ira. Su fuerza nos ayudará a superarnos y a superar el pecado.

Isaías 40:31
¿Cuáles son los resultados que Dios prometió si esperamos en el Señor?

> La renovación para enfrentar la vida con un poder sobrenatural que no es egoísta. Él está al control. Haga que los miembros de su grupo tomen una aplicación personal de las referencias para caminar, correr y volar como águilas. Comparta esto con el grupo.

Marcos 6:30-31
¿Por qué Jesús siente que sus discípulos necesitan descansar?

> Las presiones diarias los estaban agobiando y por su horario no tenían tiempo ni para comer. ¿Toma períodos de descanso y calma para relajarse y restaurarse? ¿Cómo pueden ayudarlo a prevenir que su enojo "se desarrolle"?

Guía del coordinador: *El enojo: nuestro amo o nuestro sirviente* • Punto decisivo

Mateo 6:15
¿Qué principio espiritual nos enseña Jesús en este versículo?

| | Perdonar es necesario para ser perdonado. |

¿A quién necesita perdonar?

| | Respuesta personal. |

¿Qué pasos puede tomar para hacerlo?

| | Respuesta personal. |

Mateo 18:21-35
Lea la parábola del "siervo despiadado" y responda las siguientes preguntas:

| | Respuesta personal. |

¿Quién lo ha perdonado?

| | Respuesta personal. |

¿A quién ha perdonado?

| | Respuesta personal. |

Cuando usted perdona, ¿cómo lo afecta el perdón?

| | Respuesta personal. |

¿Cómo perdona a la gente que no sabe que lo ofendió?

| | Respuesta personal. |

¿Qué importancia tiene la práctica del perdón para ayudarlo a controlar su enojo?

| | Respuesta personal. |

¿Cómo puede un constante estado de perdón prevenir el enojo?

| | Respuesta personal. |

Filipenses 2:12-14
¿Cómo puede encontrar el propósito y el plan de Dios para prevenir el enojo en su vida?

| | Una persona que ha aceptado el hecho de que Dios lo ama y tiene un plan y propósito para él es menos propensa a frustrarse por las expectativas y las fallas de los demás. Dios le da razones para vivir. |

Filipenses 4:4-7
¿Qué plan nos da Dios en este pasaje para ayudarnos a evitar la tensión, el miedo y la ansiedad que puede llevarnos al enojo?

A través de la oración, la confianza en Dios, siendo agradecidos y contándole a Dios nuestros problemas y necesidades podemos ser personas pacíficas y controladas en la paz de Dios.

¿Cómo podría esto prevenir el enojo?

Las actitudes pacíficas nos ayudarán a sobrellevar los sentimientos de enojo.

Filipenses 4:12-13
¿Cómo nos mantenemos calmados y prevenimos los ataques de enojo?

Aceptar mi vida, la de los demás y mis circunstancias puede ayudarme a sobrellevar la frustración.

Santiago 3:3-12
Lea el siguiente pasaje acerca de nuestro lenguaje. Piense en las siguientes preguntas.

¿Le es fácil controlar su lengua?

Respuesta personal.

¿Cómo controla su lengua para evitar que otros se enojen?

Respuesta personal.

¿Cómo la calma, la forma y la suavidad al hablar, y aún el silencio, lo calman a usted y a los demás y previenen que el enojo los controle?

La *Biblia* ha dicho mucho sobre nuestro lenguaje. La lengua puede ser el arma del enojo o un agente de blasfemia. Pídales compartir sus pensamientos.

Hebreos 6:1-3
Empezamos esta sesión con la importancia de madurar o crecer en Cristo. Si el enojo es básicamente un problema espiritual, ¿cuál es el objetivo de Dios para tratar en nosotros el manejo del enojo?

Dios nos quiere responder con vida como Jesús lo hizo. ¿Podemos dejar que el Espíritu Santo controle nuestra vida y nuestro enojo?

Aplicación

Permita 20 minutos

Sea paciente en lograr el control del enojo en su vida. Esto no es fácil de hacerlo en un solo paso o memorizando las técnicas que hemos sugerido. De todas maneras, cada paso hacia su objetivo lo llevará más cerca de él.

Como hemos visto, el enojo es una fuerza potencial creada por Dios para ser usada productivamente en nuestras vidas. Tome esta energía, úsela y multiplíquela. Permita que el enojo no sea sólo su amigo, sino que también sea su sirviente –hágalo sirviente de Dios. Él puede ayudarlo a manejar el enojo y usarlo para su gloria.

Haga que los miembros del grupo discutan sobre el enojo en sus vidas y cómo con la ayuda de Dios lo están llevando de amo a sirviente. Dígales que dén ejemplos.

Respuesta personal.

Además de Cristo, ¿quién le parece a usted que será un apoyo para que siga tratando con su enojo?

Respuesta personal.

Termine con una oración

Cuando esta sesión termine, pídale a cada miembro que haga una oración corta para que Dios los ayude a madurar en su autocontrol y les brinde la poderosa emoción del enojo bajo la dirección y el control del Espíritu Santo.

Haga que los miembros del grupo continúen animándose el uno al otro y progresando para hacer del enojo su sirviente.

¿Existe alguna razón por la cual no pueda recibir a Jesucristo ahora mismo

Cómo recibir a Cristo

1. Admita que lo necesita (qué es un pecador).
2. Desee alejarse de sus pecados (arrepentimiento).
3. Crea que Jesucristo murió por usted en la cruz y que resucitó de la tumba.
4. Haga una oración e invite a Jesucristo a venir y controlar su vida a través del Espíritu Santo. Recíbalo como a su Salvador y Señor.

CÓMO ORAR

Querido Dios:
Sé que soy un pecador y necesito tu perdón.
Creo que Jesucristo murió en la cruz por mis pecados.
Limpia mis pecados.
Anhelo la presencia de Dios en mi vida para seguir y obedecer a Jesucristo.

Fecha _____ Firma _____

La *Biblia* dice: "Todo el que invoque el nombre del Señor será salvo". *Romanos 10:13*

"Mas a todos los que le recibieron, a los que le creen en su nombre, les dio potestad de ser hechos Hijos de Dios". *Juan 1:12*

"Justificados pues por la fe, tenemos en paz para con Dios por medio de Nuestro Señor Jesucristo". *Romanos 5:1*

Cuando recibimos a Cristo estamos naciendo en la familia de Dios a través del trabajo sobrenatural del Espíritu Santo que vive en todos los que le cree. Este proceso es llamado regeneración o nuevo nacimiento.

Comparta su decisión de recibir a Cristo con otra persona.

Hágase miembro de una iglesia local.

Bibliografìa

Augsburguer, David. *Caring Enough to Confront*. Glenadale: Regal Book, 1980.

Balswick, Jack and Judith. *The Dual-Earner Marriage: The Elaborate Balancing Act*. Grand rapids: Revell, 1995.

Carlson, Dwight L. *Overcoming Hurts and Anger*. Eugene, Oregon: Harvest House Publishers, 1993.

Cosgrove, Mark P. *Counseling for Anger: Resources for Christian Counseling*. Dallas: Word Publishing, 1988

Dobbins, Richard D. *Your Emotional and Spiritual Power*. Old Tappan, New Jersey: Fleming H. Revell, 1984.

Holland, N. Elizabeth, M. D. *Godly Parenting: Parenting Skills at Each Stage of Growth - Group Workbook*. Chattanooga: Turning Point Ministries, 1995.

Jacobs, Joan. *Feelings*. Wheaton: Tyndale House, 1976.

Lee, Jimmy Ray. *Behind Our Sunday Smiles*. Grand Rapids: Baker Book House, 1991.

_____. *Insight Group Workbook*, Third Edition. Chattanooga: Turning Point Ministries, 1995.

Minirth, Frank and Meier, Paul. *Happiness Is a Choice*. Grand Rapids: Baker Book House, 1978.

_____. Richard Meier, and Don Hawkins. *The Christian Life: The Minirth-Meier Clinic Bible Study Guide*, Grand Rapids: Baker Book House, 1988.

Oliver, Gary Jackson and H. Norman Wright. *When Anger His Home*. Chicago: Moody Press, 1992.

Parrot III. Les, *Helping The Struggling Adolescent*. Grand Rapids: Zondervan, 1993.

Schmidt, Jerry and Raymond Brock. *The Emotions of a Man*. Eugene: Harvest House, 1983.

Springle, Pat. *Codependency: A Christian Perspective—Breaking Free from the Hurt and Manipulation of Dysfunctional Relationships*. Houston: Rapha Publishing/Word, 1993.

Wright, H. Norman. *The Power of a Parent's Words*. Ventura, CA: Regal, 1990.

_____. *Communication: Key to Your Marriage*. Glendale: Regal, 1974.